国家社科基金项目“冰雪运动进校园研究”（编号：19BTY069）
教育部人文社科基金项目“冬季奥林匹克运动的历史演进及现实启示研究”（编号：15YJA890015）

U1010671

冬季奥林匹克运动的历史演进与现实启示

刘俊一　编著

北京体育大学出版社

策划编辑：王英峰

责任编辑：邓琳娜

责任校对：韩培付

版式设计：久书鑫

图书在版编目（CIP）数据

冬季奥林匹克运动的历史演进与现实启示 / 刘俊一编著. -- 北京 : 北京体育大学出版社, 2021.11（2023.8 重印）

ISBN 978-7-5644-3498-4

Ⅰ. ①冬… Ⅱ. ①刘… Ⅲ. ①冬季奥运会—基本知识 Ⅳ. ①G811.212

中国版本图书馆 CIP 数据核字（2021）第 204197 号

冬季奥林匹克运动的历史演进与现实启示　　刘俊一　编著

DONGJI AOLINPIKE YUNDONG DE LISHI YANJIN YU XIANSHI QISHI

出版发行：北京体育大学出版社
地　　址：北京市海淀区农大南路 1 号院 2 号楼 2 层办公 B−212
邮　　编：100084
网　　址：http://cbs.bsu.edu.cn
发 行 部：010−62989320
邮 购 部：北京体育大学出版社读者服务部 010−62989432
印　　刷：北京建宏印刷有限公司
开　　本：710 mm×1000 mm　1/16
成品尺寸：170 mm×240 mm
印　　张：12
字　　数：182 千字
版　　次：2021 年 11 月第 1 版
印　　次：2023 年 8 月第 2 次印刷
定　　价：88.00 元

（本书如有印装质量问题，请与出版社联系调换）

版权所有 • 侵权必究

前言

运动改变生活，冰雪永远向前

感谢您翻开《冬季奥林匹克运动的历史演进与现实启示》。冰雪运动历史悠远，在梳理的过程中笔者获得了四个视角：瞭望、回望、俯瞰、观望，非常受益。瞭望冰雪运动的历史，把握历史进化的来龙去脉，可以清楚地认识冰雪运动如今发展的情况。回望冬季奥林匹克运动会的历史，把握 23 届奥运会间的联系，可以看清其发展脉络。俯瞰冬季奥林匹克运动项目的历史，了解 15 个运动项目的成长历程，可以认清冬季奥林匹克运动项目的规律。观望奥林匹克运动的精彩案例，可以更微观地感受奥林匹克的魅力。

拥有了这四个视角，我们就可以更清楚地梳理冬季奥林匹克运动的历史演进与现实启示，一起学习冰雪运动与冬季奥林匹克运动会悠久的发展历史，特别是近百年冬季奥林匹克运动会的发展史纲。我们都知道冰雪运动的发展一直伴随着人类发展的历史，时空跨度极大，梳理冰雪运动和冬季奥林匹克运动浩瀚的发展历程，需要一些标志，而这些标志就是奥运会的发展历史、奥林匹克运动项目的发展历程。

现代冰雪运动的发展标志是冬季奥林匹克运动会的开始，而后者发展的本质就是世界冰雪运动发展的缩影。可以说 1924 年首届冬季奥林匹克运动会的召开，标志着冰雪运动与奥林匹克完美结合，是冰雪运动步入奥林匹克运动的奠基，也是冰雪运动快速发展的时代序曲。在本书中，读者可以领略到从“夏蒙尼开启冬奥会之门”到“十年磨一剑终不负平昌”共 23 届赛会的发展与演变。

有了线索还不够，笔者还从冬季奥林匹克运动会的发展历程中将多种多样的冰雪运动项目罗列出来，当然主要是那些与冬季奥林匹克运动会有着完美契合的 15 个运动项目。这 15 个项目，每一个都是冰雪运动发展的里程碑，每一个都蕴含着丰富的冰雪运动文化，值得我们感受和认知。通过对这 15 个项目的认识、了解和感知，我们可以发现冬季奥林匹克运动会与冰雪运动的发展规律。当然，笔者更希望表达一句话：运动改变生活，冰雪永远向前。

“体育强则中国强、国运兴则体育兴”“带动三亿人参与冰雪运动”，办好北京冬季奥林匹克运动会、冬季残疾人奥林匹克运动会是中国给世界的庄严承诺。我们每一个人都将成为冬季奥林匹克运动发展的参与者和见证者，学习和了解冬季奥林匹克运动史纲对于我们更好地筹备好北京冬季奥林匹克运动会和冬季残疾人奥林匹克运动会，更好地实现体育强国目标具有重要意义。

目录

1

冰雪运动的瞭望

2006 年 1 月 16 日，新疆阿勒泰市政府发布了《阿勒泰宣言》，向世人郑重宣布：中国新疆阿勒泰地区是世界滑雪最早的起源地。其根据如下：

①阿勒泰地区具备滑雪起源的一切自然与人类活动的基本条件。

②国内外已有学者指出，阿勒泰地区最先开始了人类滑雪活动，并逐渐向斯堪的纳维亚、阿拉斯加等地传播。

③经过对阿勒泰地区的实地考察，古人在洞穴中彩绘的人物滑雪图像证实了古阿勒泰人早在距今 1 万年以前就已开始了滑雪活动。

④虽然经过了漫长的时代变迁，现在阿勒泰的居民仍广泛沿袭着脚踏自制的“毛滑雪板”、手持单支木杆在雪地里滑行的古老传统。

从古老阿勒泰地区的滑雪运动瞭望北京 2022 年冬奥会，印记了世界冰雪运动的发展，彰显了人类与自然斗争、融合的发展历程。

2013 年 11 月 3 日，中国奥委会正式致函国际奥委会，提名北京市为 2022 年冬奥会的申办城市。北京市与河北省张家口市联合申办 2022 年冬奥会，得到了我国政府的支持。

2014 年 3 月 14 日，国际奥委会宣布，中国北京、波兰克拉科夫、挪威奥斯陆、哈萨克斯坦阿拉木图和乌克兰利沃夫 5 个城市正式申办 2022 年冬奥会。

2014 年 8 月 1 日，以中国书法“冬”字为创作主体的北京申办 2022 年冬奥会标识，在北京冬奥申委第一次全体会议上正式亮相。

2015 年 7 月 31 日 17 时 58 分，国际奥委会主席巴赫在国际奥委会第 128 次会议上正式宣布：北京获得 2022 年冬季奥林匹克运动会举办权。

至此，北京将成为世界上第一个“双奥”城市。1984—2022 年，北京这座古老的城市不仅见证了现代冰雪运动在中国的发展，而且见证了世界冰雪运动的发展脉络。1991 年 2 月，北京市向中国奥委会正式提出举办 2000 年奥运会的申请，并于当年 12 月向国际奥委会递交了申请书，那是我们与申奥的第一次“亲密接触”。7 年之后，在经历上一次“擦肩而过”后，北京第二次踏上申奥征程，最终成为 2008 年奥运会举办城市。时光荏苒，而今我们再一次与申奥“牵手”。2015 年 1 月 6 日，北京冬奥申委代表团向国际奥委会提交 2022 年冬奥会的《申办报告》，这标志着北京、张家口联合申办冬奥会迈入重要时刻。每一次与奥林匹克同行，总有沉甸甸的收获。这一次，申办冬奥会我们还将给世界奥林匹克运动的发展带来新变革、新发展、新理念……

1.1 积极融入时代发展潮流，申奥符合中国发展理念

第一次申奥时，我国举办综合性国际赛事的经验不多，尚不为国际社会所了解。当时提出的申奥口号“开放的中国盼奥运”，折射出了中国体育对对外交往、展示国家形象的强烈诉求。第二次申奥时，我们已拥有较为成熟的申奥理念，所提出的“绿色奥运、科技奥运、人文奥运”理念，既与北京融合发展的大趋势契合，又吸收了此前 3 届奥运会的核心主题与成功模式。

相比之下，此次申办冬奥会时，我们核心呈现了“以运动员为中心、可持续发展、节俭办赛”这三大理念。《申办报告》承诺，如果北京举办 2022 年冬奥会，将把方便运动员作为首要标准，在训练、竞赛、住宿、交通、餐饮、医疗、文化交流等环节提供全方位、高水平的服务，促进每个运动员达到最佳竞技状态。此外，北京将把冬奥会申办与城市生态环境改善、经济社会发展紧密结合，树立奥林匹克运动与城市互动发展、共赢发展的典范，创造更多积极、持久的奥运遗产，更好地惠及公众。

北京冬奥会的这三大理念符合中国的发展趋势，契合了《奥林匹克 2020

议程》的改革方向，回应了百姓的诉求与社会的期望。比如，“尊重、强化运动员的核心地位，是国际奥委会自我反思、回归本源的实践。可持续发展，强调举办奥运会与一个城市长期战略发展的关系，国际奥委会一直倡导，举办城市收获奥运荣光后，不应造成拖累城市的痛苦。节俭办赛，则来自国际社会对索契冬奥会巨额资本投入的反思，这也是奥运会未来发展的核心方向”[①]。

亚奥理事会终身名誉副主席魏纪中表示，我们提出申办三大理念在前，国际奥委会宣布改革在后。他认为：“此次申办冬奥会提出的理念，与国际奥委会改革的方向不谋而合，从根本说，也是源自我们自身的发展需要。这种契合不是偶然，而是必然。”

北京市和张家口市联合申办冬奥会意义深远，申奥契合中国的发展战略。

1.2 打通国内国际体育边界，申奥助推中国体育改革

2008 年北京奥运会后，中国从体育大国向体育强国转型。时至今日，这种战略转型仍在路上。2014 年，自上而下的一系列动作，标志着我国体育界进入了深化改革的新阶段。在这个大背景下，申办冬奥会具有更深层次的意义。

国际奥委会对于举办奥运会有明显的趋向。首先，举办奥运会要对国际奥林匹克运动有推动作用。此次申办冬奥会，我们在选择赛区、场馆建设等方面都引入了国际团队，就是顺应国际奥委会的理念，以更开放的态度融入国际体育。其次，申奥要对社会开放，不能只是在体育界的小圈子里进行，包括政府、社会组织等在内，都应积极合作，让不同的利益主体都能参与并受惠。最后，申办冬奥会，不能奢望毕其功于一役，我们的目光要从东道主

① 于晓. 申办冬奥会符合中国发展理念[N]. 人民日报，2015-01-12.

拿金牌的传统观念中解放出来，转为让更多人改变生活方式、融入冰雪运动的大变革，这也是中国真正迈向体育强国的必经之路。

从某种意义上看，我国申办冬奥会的过程，也是推动体育改革的过程。无论是体育改革强调的简政放权、释放民间活力，还是国际奥委会呼吁的“善治”、听取社会呼声，均体现了两者的理念匹配。中国的体育改革突出竞技体育与全民健身协调发展，此次冬奥会的《申办报告》中，关于竞技体育的篇幅远远少于全民健身的篇幅，不再过多关注拿多少金牌、国家队建设等，而更多聚焦冰雪运动普及、体育人口增加等内容。

“三亿人上冰雪”是中国给世界的承诺，也是拉动我国冰雪运动持续发展步伐的总体设计。在北京冬奥会的《申办报告》中，大多数承诺都是不论申办成功与否，未来都必须要做的，这与上一次申奥有很大不同。这些目标不只是为了举办冬奥会，更是立足于全民健身的发展需求。据悉，有国际机构做过调查，此次申办冬奥会的支持率比上一次申奥还要高。通过 2008 年北京奥运会，老百姓的体育意识得到了提升，他们感受到了奥运会对城市发展、经济社会的促进作用。如果这一次申办冬奥会能真正实现“三亿人上冰雪”，将成为中国跨入体育强国的重要标志。

1.3 从普莱西德湖到北京，世界冰雪运动发展的瞭望

对于世界冰雪运动发展的瞭望，每一个国家有每一个国家的视角，每一个人有每一个人的视角。对中国冰雪运动的瞭望，要从 1980 年的普莱西德湖开始，它记录了中国代表团的首次冬奥征途。经过 40 年来几代人的不懈奋斗，中国的冰雪运动在竞赛、训练、科研、教育、后备人才培养和冰雪运动的社会化发展上均获得了长足进步，部分项目在国际赛场上具有夺金实力，与之相适应的科研和管理系统正逐步科学、规范、有序地促进我国冰雪运动的发展。中国将借北京 2022 年冬奥会之东风，逐步实现体育强国的梦想，“带动三亿人参与冰雪运动”“绿色、开放、共享、廉洁”“以运动员为

中心”“纯洁的冰雪、激情的约会”“精彩、非凡、卓越”“让奥林匹克点燃青年梦想”“让冬季运动融入亿万民众”“让奥运盛会惠及发展进步”“让世界更加相知相融”都将是北京2022年冬奥会、中国冰雪运动留给国际奥委会、国家冰雪运动重要的遗产。

现今，北京2022年冬奥会比赛场馆的建设正在如火如荼地进行。目前，各赛区场馆的建设工作已经进入冲刺阶段，“冰丝带”“冰立方”“雪如意”等场馆的建设风格充分展现出中国的传统文化底蕴。同时，各运动队的选拔工作也全面展开，坚持公平公正公开、竞争择优、作风意志与竞技实力并重的原则，严格制定科学合理的选拔和竞赛办法，真正选拔出意志品质、思想作风和竞技实力都过硬的运动员代表国家参加世界比赛。回忆往昔，1980年的普莱西德湖奥运会没有完整的体系建成，一切竞技于自然的冰天雪地中进行，使用器材简易、训练方法粗糙。今时今日，我们见证了冰雪运动从平凡到伟大，这也意味着世界冰雪运动已经迎来了最好的时期，象征着人类社会的蓬勃发展。

在世界冰壶联合会主席凯特·凯斯尼斯看来，北京2022年冬奥会将是中国推动冰雪运动发展的一个良好契机。他说：“中国在推动冰雪运动发展过程中所做出的巨大努力给我留下非常深刻的印象，这体现了中国的决心。”相信未来“中国将全面兑现在申办北京冬奥会过程中的每一项承诺，为世界奉献一届精彩、非凡、卓越的冬奥会。将以北京冬奥会为契机，推动群众体育和竞技体育的全面平衡发展，推进全民健身事业，不断提升人民健康水平”。这是国家对人民的承诺，也是对世界的承诺。2022年——冰雪世界的全新故事，期待北京，期待中国。

2

冬季奥运会的回望

2.1 夏蒙尼开启冬奥会之门，挪威王国尽显雪上风采

1924 年 1 月 25 日—2 月 5 日，夏蒙尼（Chamonix）举办了第一届奥林匹克冬季运动会，这届冬奥会的举行具有开创意义。夏蒙尼是法国东部的一个小镇，海拔 1050 米，坐落在阿尔卑斯山脉上，是法国著名的疗养胜地和冬季运动中心。这座小镇仅有 7000 多人口，规模较小，但是早在举办冬奥会之前，上万名的滑雪爱好者、旅游者及度假和疗养人员都会前往此地。欧洲最大的滑雪跳台和较理想的越野滑雪场地及供冰球和花样滑冰比赛用的室内滑冰馆在那个年代的夏蒙尼就已经建有。为了纪念“现代奥林匹克之父”、国际奥委会主席、法国人顾拜旦的退休，国际奥委会决定将首届冬奥会的主办权交给法国的夏蒙尼，冬季比赛项目从这届起首次与夏季奥运会在不同的时间举行。

本届冬奥会有 258 名运动员，他们来自欧洲和北美的 16 个国家和地区。越野滑雪、跳台滑雪、北欧两项、有舵雪橇、速度滑冰、花样滑冰及冰球为比赛项目，共 4 类、7 大项、14 小项，冰上溜石和军事巡逻 2 个项目为表演项目。

第一届冬奥会入场仪式

夏蒙尼冬奥会开幕式的举行地点为露天冰场。各国代表团按照法文字母的顺序在本国国旗的引导下依次入场。奥地利代表团走在最前方，后面是比利时代表团，再后面是加拿大、美国、芬兰、英国、匈牙利、意大利、拉脱维亚、挪威、波兰、瑞典、瑞士、捷克斯洛伐克和南斯拉夫代表团，最后入场的是东道主法国代表团。挪威代表团里有一位年仅 12 岁的运动员——索尼娅·海妮，后来其在国际体坛声名显赫，3 次夺得冬奥会金牌。法国著名高山滑雪运动员、军事巡逻表演参加者卡米耶·曼德里翁代表运动员宣誓，法国教育部部长加斯东·维达尔宣布开幕。

共有 13 个国家的代表队参加滑雪比赛，而挪威不愧有“雪上王国”之称，充分彰显出了自己的独特风采。在越野滑雪 50 公里比赛项目中，挪威代表团动员了全团所有人员（包括预备队员、记者、教练员及代表团官员和工作人员），在比赛的线路上为运动员加油。约翰·格勒图姆斯布拉滕抽得 4 号，托尔莱夫·豪格为 29 号，托尔拉夫·斯特伦斯塔德为 42 号，芬兰运动员科林和尼库分别为 3 号和 27 号。上午 9 时，第 1 名运动员出发，当比赛进行到一半时，第 4 个出发的格勒图姆斯布拉滕已滑到最前面，紧随其后 2 米的是第 29 个出发的豪格，再后面是尼库和斯特伦斯塔德，40 公里后豪格已处于领先地位并最终取得冠军。芬兰运动员尼库在 18 公里比赛中夺得第 3 名，而赛前夺冠呼声较高的芬兰运动员科林仅获得第 17 名。挪威运动员在滑雪比赛中成为最大的赢家，不仅囊括了越野滑雪 50 公里和北欧两项 2 个项目所有的奖牌，而且还夺得了越野滑雪 18 公里和跳台滑雪的前 2 名。20 世纪 20 年代初期，滑雪运动还没有普及，运动技术水平还不够高，对滑雪用具的要求也不像今天这样严格。因此，一些国家，特别是挪威、瑞典和芬兰的运动员都追求掌握多种滑雪技术，参加多项比赛已经成为一种时尚。本届冬奥会具有代表性的运动员之一托尔莱夫·豪格共参加滑雪项目中的 4 项比赛，并历史性地获得了其中 3 块金牌。后来人们为了纪念这位杰出的滑雪运动者，在其故乡德拉门（Drammen）建造了一座纪念碑。

速度滑冰比赛项目中最引人注目的是芬兰运动员克拉斯·桑伯格。这位 31 岁的冰坛宿将在 1923 年夺得了世界冠军，在本届冬奥会中取得 2 金 1 铜的好成绩，唯一遗憾的是他在 10000 米比赛中滑得不理想，以 3 秒之差输给了他的同伴斯库特纳布。当时，速度滑冰比赛尚未建立完整统一的计分方法，凡是在 4 项比赛中获得 3 项冠军者即为世界锦标赛全能冠军。本届冬奥会全能冠军的产生，是以运动员在各项比赛中的名次，采用累计计分法，积分少者名次列前。最终，桑伯格以 3 项第 1 名、1 项第 2 名和 1 项第 3 名积 5.5 分，荣获全能冠军。在最先进行的 500 米比赛中，美国运动员查尔斯·朱特劳以 44 秒获得第 1 名，成为冬奥史上第 1 枚金牌的获得者。芬兰队在本届冬奥会取得 4 枚金牌、2 枚银牌和 2 枚铜牌的优异成绩，早在奥运会开始前，芬兰运动员就已经在瑞士的达沃斯进行了较长时间的训练，以适应新的气候和环境，这对取得优异成绩起到了重要的作用。

冰球比赛有 8 个国家的代表队参加。当时，比利时、捷克斯洛伐克、英国、法国、瑞典及瑞士等国家的运动员还习惯于欧洲传统的“班迪”打法。代表加拿大出席本届冬奥会的是 1923 年“阿伦杯”冰球赛的冠军获得者多伦多格林纳俱乐部。比赛分两个阶段进行，第一阶段分两组循环，小组的前 2 名参加第二阶段第 1～4 名的决赛。第一阶段，加拿大运动员以频繁的身体接触和巧妙的过人，连续射门得分，先后以 22∶0、30∶0 及 33∶0 的成绩分别战胜了瑞典队、捷克斯洛伐克队及瑞士队。第二阶段，加拿大运动员又先后以 6∶1、19∶2 和 22∶0 的成绩分别战胜了美国队、英国队和瑞典队，赢得了本届冬奥会冰球比赛的第 1 枚金牌，并创造了冬奥会射门得分（5 场比赛射中 110 球）的最高纪录。美国队和英国队分别获得银牌和铜牌。

在花样滑冰比赛中，有 10 个国家的 33 名运动员参加。正如赛前人们预料的一样，女子单人项目中 22 岁的奥地利选手冯·普朗克·索博以明显的优势战胜了另外 8 名对手，赢得了金牌；当时只有 12 岁的挪威运动员索尼娅·海妮名列第 8，是参赛运动员中年龄最小的选手。同女子单人比赛相比，男子单人比赛的争夺十分激烈，世界杰出的花样滑冰运动员、3 届奥运会金牌获得者、瑞典的吉利斯·格拉夫斯特伦遇到了奥地利名将伯克尔的挑战。最后，格拉夫斯特伦以微弱的优势战胜了伯克尔，获得冠军。奥地利老将海伦娜·恩格尔曼和她的合作者阿尔弗雷德·贝格尔夺得双人滑的金牌。

有舵雪橇比赛项目的参赛队伍只有比利时、法国、英国、意大利及瑞士 5 个国家的 9 个代表队。瑞士一队以 4 轮比赛累计 5 分 45 秒 54 的成绩获得冠军，这也是瑞士代表团在本届冬奥会获得的唯一一枚金牌。军事巡逻表演的 5 个参赛队均来自欧洲，最终抽签的结果是挪威队第 1 个出发，紧随其后的是芬兰队、瑞士队、瑞典队和法国队。出发不久，由安特·尤伦、阿尔彭瑟·尤伦、阿尔弗雷德·奥夫登布拉滕及多纳特·瓦舍尔 4 名运动员组成的瑞士队就滑到了前面，并一直保持到了终点，芬兰队和法国队分别获得银牌与铜牌。

冰上溜石表演有 3 个国家的 4 个代表队参加，来自冰上溜石故乡的英国队获得第 1 名，瑞典一队获得第 2 名，法国和瑞典二队并列获得第 3 名。

2.2 奥林匹克情定圣莫里茨，瑞典勇士获封越野之王

第二届奥林匹克冬季运动会于 1928 年 2 月 11—19 日在瑞士的圣莫里茨（St.Moritz）举行。这届冬奥会与夏季奥运会分道扬镳，原来应该在荷兰举办，但是由于荷兰人执意不进行雪上比赛，因此第二届冬奥会由瑞士承办。

圣莫里茨位于格劳宾登州（Graubünden）的南部，坐落在阿尔卑斯山脉贝尔尼纳峰（Berninapizzo）北侧，那里山峦起伏，风景秀丽，是瑞士著名的旅游胜地和滑雪运动中心，建有大型越野滑雪、跳台滑雪、高山滑雪及雪橇场地和可容纳 3000 名观众的室内滑冰馆。

此外，本届冬奥会日本首次参加，成为第 1 个参加冬奥会的亚洲国家。

在圣莫里茨提出申办冬奥会比赛之际，格劳宾登州的另一个冬季运动中心达沃斯镇（Davos）和上瓦尔登州（Obwalden）的恩格尔贝格（Engelberg）也向国际奥委会递交了申办报告。在竞争者中，还有东部距离圣莫里茨不远的蓬特雷西纳镇（Pontresina），该镇曾于 1926 年修建了一座当时被公认为世界一流的、60 米级滑雪跳台。本届冬奥会的最终举办权归属圣莫里茨，圣莫里茨市政当局和市民为能承办这届冬奥会感到十分荣幸和自豪，于是市政当局决定于 1927 年修建一座比蓬特雷西纳更大的 70 米级跳台。

参加本届冬奥会比赛的国家由上届的 16 个增加到 25 个。新增加的国家有阿根廷、德国、日本、立陶宛、卢森堡、墨西哥、荷兰、罗马尼亚及爱沙尼亚；运动员也由 258 名增加到 464 名（其中女子 26 名）；比赛项目包括越

第二届冬奥会海报

野滑雪、跳台滑雪、北欧两项、有舵雪橇、卧式雪橇、速度滑冰、花样滑冰及冰球，共4类、8大项、14小项。本届冬奥会的开幕式在圣莫里茨中心体育场举行，瑞士联邦委员会主席埃德蒙·舒尔特斯宣布开幕，运动员宣誓代表是瑞士越野滑雪运动员汉斯·艾登本茨。日本作为此届冬奥会亚洲参赛国家中唯一的代表，第一次参加了越野滑雪、跳台滑雪和北欧两项3个项目的比赛。

滑雪比赛中，挪威选手不仅赢得了北欧两项和越野滑雪18公里的全部奖牌，而且还获得了跳台滑雪的第1名和第2名，越野滑雪50公里的奖牌则全部被瑞典运动员夺得。斯堪的纳维亚半岛（Scandinavia）的运动员在本届冬奥会上仍占有绝对优势。

有舵雪橇由上届的四人座改为五人座，共有14个国家的21个代表队参加比赛，美国队第一次参加有舵雪橇比赛，出人意料地获得了金牌和银牌。第一次出战冬奥会的阿根廷运动员获得了第4名和第5名，这是迄今为止阿根廷运动员在冬奥会上所取得的最好成绩。

同其他项目相比，本届冬奥会速度滑冰比赛进行得很不顺利。2月17日，圣莫里茨的气温突然转暖，致使比赛被迫中途取消。1927—1928年赛季比赛安排的间隔很短，在欧洲锦标赛结束后，接着是2月4—5日在达沃斯举行的世界锦标赛，经过短短5天的休整，运动员又来到圣莫里茨，这使得部分运动员感到身体疲劳。在达沃斯，挪威运动员罗德·拉尔森和阿曼德·卡尔森曾以43秒1和17分17秒4的成绩分别创造了500米和10000米的世界纪录；而在圣莫里茨，他们除500米比赛的成绩较好以外，其他项目的成绩均不理想。

速度滑冰第一天进行的是500米比赛，天气比较寒冷，天空飘着小雪，运动员滑出了较好的成绩，有7人突破44秒。第一组出发的是著名的芬兰运动员克拉斯·桑伯格和世界纪录保持者挪威的伯恩特·拉尔森，在临近终点的时候，桑伯格突然冲到了拉尔森的前面，以领先3米的优势第一个到达终点。最后，桑伯格同挪威的拉尔森以43秒4的相同成绩共同摘取了这个项目的金牌，并创造了冬奥会纪录，拉尔森同芬兰的亚·弗里曼及美国的约法雷尔3人并列第3名。1500米比赛中桑伯格以2分21秒1的成绩登上金牌领奖台，但在5000米比赛中，他滑得很不理想，只获得第12名。在速度滑冰最后一天的10000米比赛时，气温突然上升，而且下起了小雨，第一组的美国运动员戴菲和挪威选手埃文森出发，他们到达终点的时间比10天前卡尔森在达沃斯创造的17分17秒4的世界纪录整整慢了79秒；第二组到达终点则耗费了20分钟；第三组拉尔森滑到第14圈的时候退出了比赛；接着是第四组挪威的卡尔森和美国的比亚拉斯，他们滑得更加吃力，成绩也更差，每滑一圈竟需要50秒；当第五组瑞典的安德森和芬兰的布伦克维出发的时候，比赛更加艰苦，每滑完一圈的时间竟达到51秒，特别是滑过5圈之后，弯道个别地方的冰已融化成流质状，为躲避这些流质状的冰面，运动员不得不远离弯道的内侧，这样，每一圈大约要多滑9～10米，滑完全程则要多滑200～250米。于是，裁判员决定比赛暂时停止，延至18日进行。然而，由于继续降雨，裁判委员会最后决定10000米比赛取消，使得本届冬奥会原设的14个小项的金牌只产生了13个小项。

美国体育界认为，速度滑冰应当采取类似田径那样的出发方式，只有这样，才能最大限度地显示出竞争的公正性；也只有多名运动员同时出发，才具有在同等条件下平等竞争的机会。圣莫里茨冬奥会速度滑冰10000米比赛的取消，在客观上使得第三届冬奥会采纳了北美竞赛规则的相关建议。

本届冬奥会的花样滑冰比赛无论是参赛的国家还是参赛的人数，均比上届有较大幅度增加。当时，人们已经将花样滑冰作为一种冰上艺术进行欣赏，女子单人赛中来自奥斯陆的15岁姑娘索尼娅・海妮的表演给观众留下了深刻的印象，她的表演不仅姿势优美、动作轻松、富有艺术感染力，而且她还将芭蕾舞的技巧运用于花样滑冰。最后，海妮以较大的优势战胜了奥地利、英国、法国、美国及加拿大等国家的选手，为挪威的花样滑冰赢得了第1枚冬奥会金牌。男子单人冠军再一次被瑞典35岁的老将吉利斯・格拉夫斯特伦夺得；双人项目中法国的皮埃尔・布吕奈和安德烈・若莉以微弱的优势击败了他们的主要对手奥地利的朔尔茨和凯撒，实现了他们摘取冬奥会金牌便举行婚礼的愿望。

冰球项目在本届冬奥会上共有11个代表队参加，每队13人，是参赛人数最多、比赛持续时间最长的项目。代表加拿大出席本届冬奥会的是1927年

“阿伦杯”冠军获得者多伦多大学队。为了给更多的球队提供争夺金牌的机会，赛会的组织者决定加拿大队以上届冠军的身份直接参加决赛。最终，在有 4 个队参加的决赛中，加拿大队以 11∶0、13∶0 和 14∶0 的绝对优势，分别战胜了瑞典队、瑞士队和英国队，再次赢得冠军。

第二届冬奥会奖牌

卧式雪橇项目在本次赛会中首次出现，它起源于欧洲，有法国、意大利、英国、美国、瑞士和奥地利 6 个国家的 10 名运动员参加比赛，但出人意料的是金牌和银牌分别被美国的尼森·希顿和约翰·希顿兄弟摘得，英国的戴维德·诺特斯克获得第 3 名，而它的起源地瑞士只获得第 5 名。

本届冬奥会的表演项目军事巡逻有捷克斯洛伐克、德国、芬兰、波兰、法国、意大利、挪威、罗马尼亚及瑞士 9 个国家的代表队参加。比赛是在高山沟壑纵横、起伏不平的线路上进行的，起点的海拔是 2108 米，采用追逐的方式，每间隔 3 分钟出发一队。赛前，许多人认为，地处阿尔卑斯山脉附近的一些国家代表队将会取得胜利。比赛开始后，瑞士队曾一度领先，但到达监测站的时候，滑在前面的却是芬兰队，而且领先瑞士队 4 分多钟，不久，挪威运动员也追了上来，并很快超过了瑞士队和芬兰队，且一直将优势保持到了终点。

2.3 十七国相逢普莱西德湖，美国一骑绝尘荣登榜首

第三届奥林匹克冬季运动会于 1932 年 2 月 4—15 日在美国东北部纽约州的普莱西德湖（Lake Placid）举行。这是一届有女旗手的冬奥会，而英格兰只派出了 4 名花样滑冰运动员参赛。

同普莱西德湖同时申办本届冬奥会的城市还有美国明尼苏达州的德卢斯（Duluth）、明尼阿波利斯（Minneapolis），纽约州的贝尔山（Bear Mountain），加利福尼亚州的塔霍湖（Lake Tahoe）、约塞米蒂谷（Yosemite Valley），科罗拉多州的丹佛（Denver）及加拿大的蒙特利尔（Montreal）。

普莱西德湖位于纽约州的北部，坐落在马西山（Marcy Mount）北面埃塞克斯克县境内著名的阿迪朗达克（Adirondack）自然林区的中央。其周围群山环绕，海拔 600 米，雪量丰足，是举办冬奥会的理想场所。每年 12 月至翌年 3 月是普莱西德湖的隆冬，平均气温一般在零华氏度（–17.8 摄氏度）左右。然而，由于当时交通不便及受世界经济危机的影响，本届冬奥会参赛的国家由上届的 25 个减少到 17 个，参赛运动员由 464 人减少到 252 人（其中女子 21 人），在 252 名运动员中，北美运动员占了 140 名。当时被人们誉为“冬季运动强国”的瑞典只派出了 12 名运动员，而芬兰只有 8 名运动员参加。比赛项目有越野滑雪、跳台滑雪、北欧两项、有舵雪橇、速度滑冰、花样滑冰及冰球，共 4 类、7 大项、14 小项。

开幕式在普莱西德湖中心的露天体育场举行，纽约州的州长、后来在 1933 年当选为美国总统的富兰克林·德拉诺·罗斯福出席了开幕式。他在讲话中指出：“体育对促进各国人民之间的友谊，增强相互了解，具有极其重要的意义。”著名的短距离速度滑冰运动员美国的约翰·谢伊代表运动员宣誓。

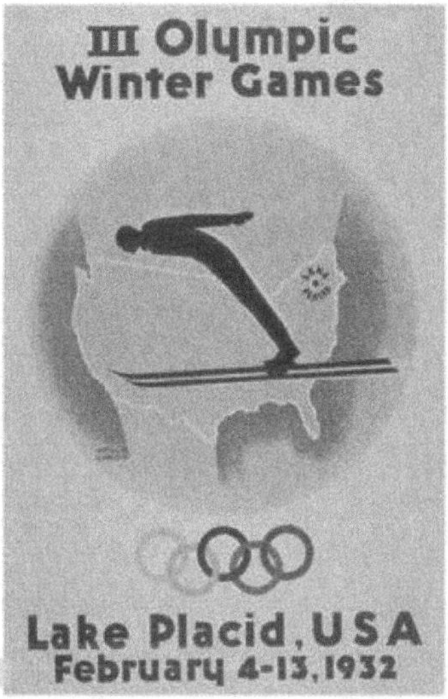

第三届冬奥会海报

滑雪比赛在普莱西德湖南面的范怀温伯山（Mt.Van Hoevenberg）及凹地（Intervale）两个滑雪场进行。越野滑雪 18 公里和 50 公里的金牌分别被瑞典的斯未·乌特尔斯特隆和芬兰的维里·萨克宁摘得，挪威运动员仅获得 50 公里的铜牌。在北欧两项和跳台滑雪比赛中，挪威运动员再次保持了自己的优势，赢得了两个项目所有的奖牌。

本届冬奥会的速度滑冰采用北美规则，比赛先按项目根据参加比赛的人数分为若干组，每组 4～9 人，所有人同时出发。这种“大组出发”的比赛方式，让长期处于无干扰的情况下比赛的欧洲运动员很不适应，但美国运动员在这种“大组出发”的比赛中如鱼得水。选手中包括当时世界纪录的保持者挪威的伊瓦尔·巴兰格鲁德。500 米比赛有 16 名运动员参加，比赛分为三个小组，小组的前 2 名参加决赛。预赛的结果中，欧洲只有上届冬奥会 500 米金牌获得者挪威的伯恩特·埃文森一人获得了决赛权，他获得决赛权并非偶然，因为他在自己的家乡曾进行过这种“大组出发”的专门训练。美国冬奥会速度滑冰的第 2 枚金牌在决赛中产生，出生于普莱西德湖的美国运动员约翰·希亚充分发挥了自己的肘挡技术，抢先进入弯道，夺得了冠军；挪威的埃文森获得第 2 名。在 5000 米比赛中，前 4 名均被北美运动员夺得，这使欧洲运动员十分失望，挪威的巴兰格鲁德和埃文森分别只取得第 5 名和第 6 名。特别是 1500 米，在参加决赛的 6 名选手中，竟没有一名欧洲运动员。

第三届冬奥会奖牌

速度滑冰应当是在没有干扰的情况下进行比赛的一种运动。预选赛时加拿大运动员亚历山大 • 赫德在没有干扰的情况下创造了 17 分 42 秒 2 的冬奥会纪录，而在“大组出发”的决赛中他却连前 6 名也未进入。在 10000 米比赛的前一天，欧洲和北美速度滑冰的有关人员再一次就比赛规则展开了激烈的争论，因为欧洲运动员将失利全部归咎于北美竞赛规则，纷纷向竞赛组委会提出抗议，要求恢复原有规则。为避免事态扩大，竞赛委员会决定，在维持北美规则的基础上，加拿大和美国运动员再进行一次预选赛，以淘汰 2 名北美运动员。结果，这一决定又遭到了北美运动员的反对，美国的一些报纸也纷纷发表评论，对竞赛委员会的决定进行指责，于是竞赛委员会又立即作出撤销预选赛的决定，使已结束的预赛不得不重新进行。

本届冬奥会的冰球比赛在普莱西德湖中心的室内滑冰馆进行，只有加拿大、美国、德国及波兰 4 个国家的代表队参加。由于参加比赛的队不多，大会决定采用双循环赛制。代表加拿大出席本届冬奥会的是 1931 年加拿大业余冰球赛冠军、“阿伦杯”获得者温尼伯冰球俱乐部，全队 13 名队员，除乔治 • 加尔巴特曾出席过 1931 年的世界锦标赛外，其他人均是第一次参加国际大赛。然而，他们以加拿大运动员特殊的身体接触和强行突破，不断地攻门得分，最后以 5 胜 1 平积 11 分的成绩再次蝉联冠军，美国队和德国队分别获得银牌和铜牌。

花样滑冰男子单人比赛和赛前人们预估的一样，金牌在两位世界冠军——奥地利的卡尔·舍费尔和瑞典的吉利斯·格拉夫斯特伦之间产生。最后，在规定图形的比赛中，格拉夫斯特伦不慎跌倒，这位 38 岁的老将失去了最后一次夺取金牌的机会。女子单人比赛的冠军被著名运动员、上届冬奥会金牌获得者、1927—1931 年世界冠军、挪威的索尼娅·海妮获得。法国的安德烈·若莉和皮埃尔·布吕奈再次赢得双人金牌。不同的是若莉和布吕奈这次是以夫妇的关系出现在冬奥会赛场，因此报名单上安德烈·若莉的名字已被安德烈·布吕奈代替。

本届冬奥会有舵雪橇的比赛对德国运动员来说无异于一场灾难。2 月 7 日，在四人座练习中，德国一队的雪橇突然脱离滑道，从线路中飞出 30 余米，然后摔落到灌木丛的岩石中间。1931 年的世界冠军韦内尔·扎恩的手臂和汉斯·梅尔霍恩的关节挫伤，罗斯内尔的脊椎严重受损。当时出事的地点既没有医生，也没有医护人员。2 天以后，德国二队的雪橇也从线路中飞出，司闸员阿尔伯特·布雷默脑震荡且手骨骨折，舵手弗里茨格劳锁骨折断，乘手霍普曼的大腿被严重割伤。最后，德国不得不放弃一个雪橇组的比赛。2 月 11 日，有舵雪橇比赛已进行了一半，但 12 日普莱西德湖上空却突然下起了小雨，比赛被迫推迟到闭幕式后的第二天，即 2 月 14 日进行。比赛结果：双人座的金牌和铜牌、四人座的金牌及银牌均被美国运动员夺得，瑞士队和重新组合的德国队分别获得双人座银牌和四人座铜牌。

本届冬奥会东道主美国代表团借助天时、地利，获得 6 枚金牌、4 枚银牌和 2 枚铜牌，居各代表团之首。挪威代表团则以 3 枚金牌、4 枚银牌和 3 枚铜牌的成绩名列第 2。

2.4 望加尔施–帕滕基兴冬奥，见诸国英才破冰之纪录

第四届奥林匹克冬季运动会于 1936 年 2 月 6—16 日在德国南部的加尔施–帕滕基兴（Garmisch-Partenkirchen）举行。加尔施–帕滕基兴是德国拜恩州（Bayern）南端靠近奥地利的一个边陲小镇，坐落在东阿尔卑斯山脉北蒂罗尔山（North Tirol）北侧洛伊萨赫河（Loisach）发源地岸边，海拔 732 米。有 28 个国家的 646 名运动员（其中女子 80 名）参加了越野滑雪、跳台滑雪、北欧两项、高山滑雪、有舵雪橇、速度滑冰、花样滑冰及冰球，共 4 类、8 大项、17 小项的比赛。这届冬奥会是一届具有非常浓厚政治色彩的比赛，有 50 万名观众观看了最后一天的比赛。澳大利亚、保加利亚、希腊、西班牙、列支敦士登及土耳其 6 个国家的奥委会首次派出了代表团。申办本届冬奥会的城市还有瑞士的圣莫里茨。

第四届冬奥会会徽

开幕式在加尔施–帕滕基兴山脚下的体育场举行。宣布开幕的是阿道夫·希特勒，代表运动员宣誓的是德国高山滑雪运动员维尔赫姆·博格纳。希特勒 1933 年上台，出于政治目的，他命令手下各部门通过赛会向全世界证明“第三帝国是世界的绿洲，是一个正直、具有崇高目标的国家”。这一

政治原则使许多国家产生了反感，同时也破坏了冬奥会以人类和平为目的的最终愿望，象征和谐的冬奥会失去了应有的光彩。在比赛期间，纳粹分子网罗了300余名记者，为其吹捧臭名昭著的新秩序。“好客的”海因里希斯·希姆莱则组织了大批“盖世太保”[德语“Geheime Staats Polizei”（国家秘密警察）的缩写“Gestapo”的音译]，对各国来宾，其中也包括国际奥委会委员，进行“保护”。开始时，瑞士、法国、奥地利同北欧国家经过激烈的争论，最终彼此达成妥协，将高山滑雪的全能和越野滑雪的4×10公里接力纳入了竞赛规程。随后，高山滑雪女子项目第一次被纳入冬奥会比赛行列，这使女子运动员在此项比赛中有了一展身手的机会。

在滑雪比赛中，北欧运动员依旧垄断了传统项目的奖牌。富有戏剧性的比赛是4×10公里接力，挪威队第一个出场的是著名的北欧两项运动员奥德比约恩·哈根，芬兰队派出的则是与哈根同龄并同是世界冠军的苏洛·努尔梅拉。哈根在这次比赛中表现得十分出色，他以领先努尔梅拉1分钟的时间率先到达接力区，当芬兰第四个出场的卡勒·亚尔卡宁完成交接的时候，已落后挪威队82秒。然而，在临近终点的时候，人们突然发现滑在最前面的竟是亚尔卡宁，他以39分14秒的优异成绩滑完了自己的10公里。最后，芬兰队以2小时41分33秒的成绩，赢得了本届冬奥会越野滑雪4×10公里接力的金牌。

首次被列入冬奥会比赛项目的高山滑雪其实早在1924年和1928年就已经有运动员出现在冬奥会上了，如法国的卡米耶·曼德里朗和瑞士的汉斯·艾登本茨，不过，那时他们只是作为军事巡逻表演和运动员宣誓的代表，而这次则是以正式参赛者的身份出现。

1932年普莱西德湖冬奥会结束以后，各国速度滑冰的领军人通过多种途径对速度滑冰运动的竞赛规则发表了广泛意见。特别是挪威，他们在报纸上公开发表文章，以不容置疑的事实和理由，阐明了运动员在各自的跑道独立起跑并在指定区域交叉换道的优越性。最后，国际滑冰联盟决定采纳挪威提出的恢复两人一组原有规则的建议，并在加尔施-帕滕基兴冬奥会上实施。在本届冬奥会上，欧洲速度滑冰运动员终于以实际行动挽回了声誉，在所有4个项目的比赛中，除了500米的铜牌被美国运动员利弗雷辛格夺得外，其余奖牌全部被欧洲选手摘得。

本届冬奥会速度滑冰的比赛看起来是欧洲同北美的争夺，其实不如说是挪威同芬兰的较量。5000 米比赛金牌的争夺在挪威的伊瓦尔·巴兰格鲁德和芬兰的比格尔·瓦瑟尼乌斯之间展开。巴兰格鲁德认为，5000 米比赛的结局决定于前半程，因此应当采取先发制人的战术；瓦瑟尼乌斯则认为，匀速滑行是取胜的法宝。比赛开始后，巴兰格鲁德以很快的步伐频率将瓦瑟尼乌斯甩到后面，前 600 米巴兰格鲁德用了 59 秒，比瓦瑟尼乌斯快 2 秒，第二圈 38 秒，之后是 2 圈 39 秒、3 圈 40 秒、3 圈 41 秒，并一直将优势保持到了终点，最后以 8 分 19 秒 6 的成绩获得冠军，并创造了这个项目的冬奥会纪录。瓦瑟尼乌斯获得第 2 名，成绩是 8 分 23 秒 3。在 10000 米比赛中巴兰格鲁德以 17 分 24 秒 3 的成绩摘取了他在本届冬奥会获得的第 3 枚金牌。在这次比赛中，冬奥会速度滑冰的纪录全部被刷新，巴兰格鲁德一人就刷新了 3 项（500 米、5000 米和 10000 米）纪录。特别是 10000 米，有 9 名选手打破了加拿大运动员亚历山大·赫德 1932 年在普莱西德湖创造的 17 分 42 秒 2 的冬奥会纪录。

第四届冬奥会海报

素有“冰上皇后”之称的索尼娅•海妮第四次参加花样滑冰项目。1928年和1932年两次获得冬奥会冠军后，她曾经参加过影视拍摄，因而在本届冬奥会的业余资格上受到了质疑，但国际奥委会最后还是作出了承认其业余资格的决定。海妮不愧为花样滑冰运动的天才，从1926年到本届冬奥会，她连续10年获得世界冠军，3次登上冬奥会金牌领奖台，这在世界女子单人花样滑冰史上是独一无二的。1955年，法国花样滑冰裁判员法瓦尔在布达佩斯世界锦标赛结束时曾说:“假如海妮出席比赛，即使在20年后的今天，她仍有可能进入前20名。”

在加尔施–帕滕基兴参加冰球比赛的队伍，比上届冬奥会增加了两倍多。这些队是加拿大、奥地利、德国、美国、捷克斯洛伐克、匈牙利、波兰、英国、瑞典、拉脱维亚、意大利、瑞士、法国、比利时及日本。比赛分预赛、半决赛和决赛三个阶段进行。曾连续三次蝉联冬奥会冰球冠军的加拿大队在半决赛中出人意料地以1∶2输给了英国队，这为英国运动员摘取本届冬奥会冰球的金牌创造了机会。决赛时，加拿大队虽然以1∶0和7∶0分别战胜了美国队和捷克斯洛伐克队，但由于半决赛输给了英国队，最后以积4分的成绩屈居第2位。挪威队在本届冬奥会上以7金、5银、3铜的优异成绩，重新登上了金牌榜和奖牌榜的榜首。东道主德国代表团以3金、3银名列第2位，而上届冬奥会获金牌最多的美国代表团则由第1位降至第8位。

本届冬奥会加入了高山滑雪项目，赛前人们曾围绕运动员的参赛资格进行了争论。奥地利、瑞士等高山国家认为，教练员不属职业运动员，不应加以限制。国际奥委会则认为高山滑雪教练员属专业人员，并非业余性质，因此驳回了瑞士等国家的请求。

2.5 圣莫里茨冬奥圣火重燃，冰雪赛场四洲激情争冠

第五届冬奥会于1948年1月30日—2月8日在瑞士的圣莫里茨举行。本届冬奥会受第二次世界大战的影响，与上届冬奥会相距12年之久。本来，

国际奥委会安排在日本的札幌（Sapporo）举办 1940 年的冬奥会，但因日本发动侵华战争，日本军国主义政府强令日本奥委会放弃主办权。事后，国际奥委会将地址改在瑞士的圣莫里茨举行，但最终还是因为世界大战的影响而作罢。后来，国际奥委会选择在意大利的科蒂纳丹佩佐市（Cortina d'Ampezzo）举办 1944 年冬奥会，但是也因为第二次世界大战而告吹。第二次世界大战结束后，奥运会恢复正常。当时，1948 年夏季奥运会已经决定在英国伦敦（London）召开，国际奥委会曾想让其承办冬奥会，但是遭到拒绝，圣莫里茨因此成为第一个主办两届冬奥会的城市。由于冬奥会是按实际次数累计，所以本届被列为第五届冬奥会。受战争的影响，人们对象征和平、友谊、进步的奥林匹克运动会更加充满了热情。

来自亚洲、欧洲、美洲和南美洲 28 个国家的 669 名运动员（其中女子 77 名）参加了越野滑雪、跳台滑雪、北欧两项、高山滑雪、有舵雪橇、卧式雪橇、速度滑冰、花样滑冰及冰球，共 4 类、9 大项、22 小项的比赛。本届冬奥会新列入的项目有高山滑雪男、女滑降及回转。在 28 个参赛国中，有 5 个是第一次参加，即智利、丹麦、冰岛、黎巴嫩、韩国。此外，这次赛会还将冬季五项（越野滑雪、手枪射击、雪上滑降、击剑、越野骑马）和军事巡逻列入了表演项目。瑞士总统恩里科·塞利奥出席了开幕式，冰球运动员里卡尔多·托里亚尼代表运动员宣誓。

本届冬奥会上，挪威代表团虽然以 4 枚金牌、3 枚银牌和 3 枚铜牌同瑞典并列奖牌排行榜的第 1 名，但它在雪上项目上却失去了以往的优势。越野滑雪 18 公里、50 公里及 4×10 公里接力的金牌全部被瑞典运动员夺得，挪威仅获得 1 枚 4×10 公里接力铜牌。而在挪威人一直引以为豪的北欧两项比赛中，其又意外地输给了芬兰、瑞典及瑞士，仅居第 6 名。挪威滑雪运动员在圣莫里茨的失利，在挪威国内引起了很大的震动，有人曾以《跳台滑雪的金牌还能保持多久》为题公开发表评论。

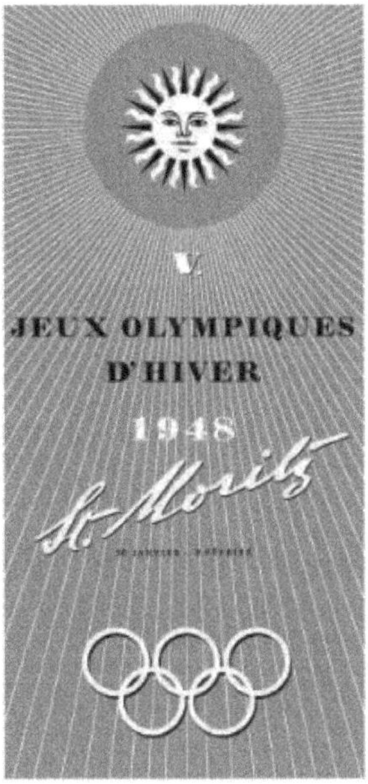

第五届冬奥会会徽

第五届冬奥会海报

相较于滑雪而言，挪威速度滑冰运动员在本届冬奥会上的表现十分出色。第一天，短距离运动员芬·赫尔格森首先夺取了 500 米金牌，并以 43 秒 1 的成绩创造了这个项目的冬奥会纪录；接着，雷达尔·利亚克勒夫和斯韦勒·法斯塔德又在第二天和第三天的比赛中分别摘取了 5000 米和 1500 米的金牌。高山滑雪 6 个项目的金牌除女子回转被美国选手格雷琴·弗雷泽获得外，其他均被欧洲选手夺得，其中法国 2 枚、瑞士 2 枚、奥地利 1 枚。

在本届冬奥会花样滑冰的比赛中，欧洲和北美运动员力量的对比发生了很大的变化。男子单人花样滑冰比赛中，美国 18 岁的运动员理查德·巴顿以快速的旋转和高难度的后外结环三周跳，压倒了欧洲所有的对手，摘取了金牌；女子单人的金牌则被加拿大的芭芭拉–安·斯科特（Barbara Ann Scott）获得。巴顿和斯科特的胜利，结束了欧洲运动员长期垄断冬奥会花样滑冰金牌的历史，特别是在巴顿的影响下，一个重视技巧的新流派由此逐渐形成。在双人的比赛中，米舍利娜·朗努瓦和皮埃尔·巴格涅特合作，为比利时赢得了第 1 枚冬奥会金牌，这也是截至 2002 年比利时运动员在冬奥会上取得的唯一一枚金牌。从这次比赛看，虽然冬奥会中断了 12 年，战争切断了各国运动员之间的联系，但花样滑冰的水平还是有很大的提高，特别是跳跃动作。

冰球比赛有 9 个队参加，其中既有 3 次蝉联冬奥会冠军的加拿大队和上届金牌获得者英国队，又有 1947 年的世界冠军捷克斯洛伐克队和曾经获得欧洲冠军称号的瑞典、奥地利及瑞士等队。比赛如同人们赛前预料的一样，争夺极其紧张、激烈，特别是加拿大队同捷克斯洛伐克队的决赛。在这场决赛中，第一局双方均未破门，第二局时场上比分仍是 0∶0，第三局开始后加拿大队虽然加强了进攻，不断地将球射向捷克斯洛伐克队的球门，但球却被捷克斯洛伐克队身高 2 米的守门员博古米尔·莫德里全部挡了出来，全场比赛结束的哨音响起时，比赛大厅记分板上显示的比分仍为 0∶0，8 场比赛过后两队各积 15 分。最后，裁判委员会不得不根据竞赛规程，以双方全部比赛净胜球的多少来排定名次。捷克斯洛伐克队在比赛中虽然射中较多，但失分也不少（80∶18），结果加拿大队以净胜 64 球（69∶5）的成绩再次登上冠军领奖台。

在这次冰球比赛中，美国有两个不同组织的冰球队同时抵达圣莫里茨，一个是美国业余冰球联盟队，一个是美国业余体育联合会队，这两个球队的到来，在圣莫里茨引发了一场几乎波及整个赛会的危机。瑞士组委会认为美国业余冰球联盟队是国际冰球联合会的成员，因此选定该队为赛会的参赛队。当宣布这一决定的时候，美国奥委会主席恰好坐在看台的贵宾席上观看该队的比赛，于是美国奥委会同瑞士组委会围绕美国业余冰球联盟队的合法权益问题展开了激烈的争论。美国奥委会主席认为，美国业余冰球联盟未经美国业余联合会的批准，因而是非法的，要求组委会撤销决定，恢复美国的声誉。争论持续了 1 周。最初，瑞士组委会试图从项目单上将冰球取消，后来发现美国业余冰球联盟队的成绩并不理想，而且已经失去了争夺奖牌的机会，便打消了这一想法，没有使事态扩大。本次事件最后的结果是美国队的成绩被取消，第 4 名的位置由瑞典队代替，依次向下是英国、波兰、奥地利和意大利。当时国际冰球联合会规定，冬奥会年份的世界冰球锦标赛不再单独举行，冬奥会的成绩即为世界冰球锦标赛的成绩。美国业余冰球联盟队虽然是国际冰球联合会承认的合法组织，但由于冬奥会的参赛资格被取消，因此在当年世界冰球锦标赛的成绩单上同样没有美国队的名字。

第二次被列入冬奥会的卧式雪橇比赛只有奥地利、法国、德国、英国、意大利及美国6个国家的15名运动员参加，经过4轮比赛，意大利的尼诺•比比亚以2轮5分23秒3的总成绩获得金牌，瑞士队和瑞典队分别赢得军事巡逻和冬季五项两个表演项目的第1名。

挪威代表团在本届冬奥会上由于雪上项目的失利，金牌数和奖牌数分别由上届的7枚和15枚，减少到4枚和10枚，而瑞典则由上届的2枚和7枚，增加到4枚和10枚。

2.6 挪威圣火首次开幕点燃，奥斯陆城聚勇将展雄姿

第六届奥林匹克冬季运动会于1952年在挪威首都奥斯陆（Oslo）举行。这是冬奥会首次离开冰雪小城，也是首次点燃主会场火炬的奥运会，但是奥运会火种并非取自奥林匹亚山。在奥斯陆如此大的城市举办冬奥会，还是冬奥史上的第一次，而且还是在一个国家的首都举行。

1952年2月14—25日，来自30个国家和地区的694名运动员（其中女子109人）参加了越野滑雪、跳台滑雪、北欧两项、高山滑雪、有舵雪橇、速度滑冰、花样滑冰及冰球，共4类、8大项、22小项的比赛。

为了申办本届奥运会，意大利的科蒂纳丹佩佐和美国的普莱西德湖也都作出了积极的努力，最后奥斯陆以挪威广泛的冬季运动基础、市民的热情支持及市政当局的重视，赢得了国际奥委会多数委员的赞同。在参加比赛的30个国家和地区代表团中，新西兰、葡萄牙和联邦德国首次参加，其中联邦德国以德国代表团的名义出席。在奥斯陆，所有商店的橱窗上都悬挂着由奥运会会旗、挪威国旗及滑雪杖组成的本届冬奥会的会徽和海报。在比赛期间，挪威人民展示出了对冬季运动的热爱，给各国代表团和来宾留下了深刻的印象。糕点食品店的门前摆满了特制的大蛋糕，出售纪念品的商贩到处可见，挪威的体育组织和奥斯陆市政厅还举办了规模盛大的奥林匹克冬季

体育联欢节。所有这些，都极大地为本届冬奥会增添了欢庆、热烈的气氛。然而，同这种气氛相比，当年奥斯陆的降雪量却非常小，特别是努勒峰（Norefjell）。对于运动员来说，无异于游泳遇到了浅滩，高山滑雪运动员不得不在光滑如镜、浮有薄冰的雪壳上进行练习。比赛前夕，奥斯陆的天空飘起了雪花，但持续的时间非常短，而且雪质也并不太好。为了确保比赛的进行，挪威政府调动了大批士兵收集积雪，以供应各滑雪比赛线路的需要。

第六届冬奥会会徽

在本届冬奥会开幕式上，挪威著名的北极探险家、海洋学家、政治活动家弗里乔夫·南森的孙子艾伊尔·南森手持火炬，在主体育场绕场一周后登上圣火台，点燃了主火炬。这是自 1924 年冬奥会以来，第一次在开幕式上增加了点燃圣火的仪式。火种是在奥斯陆南部莫戈达尔村（Morgedal）挪威滑雪运动奠基人桑德拉·诺德海姆故居的壁炉里点燃的，然后以接力的形式传递到奥斯陆，随后，挪威著名跳台滑雪运动员托尔比约恩·法尔坎格代表运动员宣誓。大会期间，挪威奥委会还将一面镶有金边的奥林匹克五环旗赠送给了国际奥委会。在此之前，冬奥会开幕升旗仪式所用的会旗是 1920 年安特卫普奥运会上比利时向国际奥委会赠送的会旗复制品。从此，挪威奥委会赠送的五环旗也就成了冬奥会的专用旗。

第六届冬奥会海报

高山滑雪在奥斯陆西北 120 公里的努勒峰进行。本届冬奥会的参赛者中有一对美国夫妇，丈夫戴维·劳伦斯参加有舵雪橇比赛，妻子安德烈·米德–劳伦斯则是高山滑雪运动员。虽然戴维只取得了比赛的第 15 名，但米德–劳伦斯在回转和大回转比赛中却为美国队赢得了 2 枚金牌。另外一个女子项目滑雪的金牌被奥地利选手特露德·约胡姆–贝塞尔获得。意大利、奥地利和挪威的运动员摘取了高山滑雪男子比赛的另外 3 枚金牌。

越野滑雪比赛中，挪威、瑞典和芬兰虽然仍呈三足鼎立之势，但同上届冬奥会相比，瑞典的实力明显减弱，仅仅获得 1 枚 4×10 公里接力的铜牌。同瑞典相反，上届冬奥会越野滑雪仅获得 1 枚银牌和 1 枚铜牌的芬兰运动员，在这次比赛中却意外地夺得男子 50 公里和 4×10 公里接力的 2 枚金牌及 15 公里和 50 公里的银牌。值得一提的是，在新设立的女子 10 公里项目比赛中，所有奖牌均被芬兰选手夺得。挪威运动员则再次保持了北欧两项和跳台滑雪 2 个项目的优势。

速度滑冰比赛在奥斯陆著名的比斯雷特冰场进行。美国运动员肯尼特·亨利以 43 秒 2 的成绩夺得 500 米冠军，他是上届冬奥会 500 米的第 5

名；1500 米、5000 米及 10000 米的金牌均被 29 岁的挪威选手亚尔马·安德森囊括，这是继 1928 年克拉斯·桑伯格和 1936 年伊瓦尔·巴朗格鲁德之后第 3 位在一届冬奥会赛场上摘取 3 枚金牌的速度滑冰运动员。自 1928 年起就开始出征冬奥会的荷兰运动员，在这次赛会上成功夺得了 1500 米、5000 米及 10000 米的 3 枚银牌。日本运动员高林清高（Kiyotaka Takabayashi）获得 500 米第 6 名；花样滑冰男子单人的金牌再次被美国的理查德·巴顿获得；英国赢得花样滑冰第 1 枚金牌的是上届冬奥会女子单人铜牌的获得者珍妮特·阿尔特韦格；双人金牌则被一对新婚夫妇、联邦德国的里娅·法尔克和保罗·法尔克获得。冰球比赛共有 9 个国家和地区的代表队参加，其中除上届冬奥会的参赛者加拿大、捷克斯洛伐克、瑞士、瑞典、波兰及美国队以外，还有第一次出现在冬奥会冰球赛场的芬兰队、联邦德国队和东道主挪威队。代表加拿大出席本届冬奥会的是 1950 年世界冠军“埃德蒙顿水星”冰球俱乐部队。这次比赛的金牌和银牌再次被北美运动员获得，从 1920 年安特卫普奥运会开始，欧洲冰球运动员便不断地寻求战胜北美运动员的方法，美国队虽然以 3∶3 的比分逼平了加拿大队，但以 2∶4 输给了瑞典，最后以 13 分的积分名列第 2。

这次赛会，东道主挪威代表团以 7 枚金牌、3 枚银牌及 6 枚铜牌的成绩再次荣登金牌榜和奖牌榜的榜首；美国代表团以 4 枚金牌、6 枚银牌和 1 枚铜牌名列第 2。

2.7 择定山城科蒂纳丹佩佐，苏名将格里申再创佳绩

第七届奥林匹克冬季运动会于 1956 年 1 月 26 日—2 月 5 日在意大利北部的科蒂纳丹佩佐举行。科蒂纳丹佩佐位于威尼托区（Veneto）北部，坐落在阿尔卑斯山脉马尔莫拉达峰（Marmolada）东北多洛米蒂（Dolomites）山下，是意大利著名的山城、最大的旅游和冬季运动中心，人口数量约 7500 人。同期申办本届冬奥会的城市还有美国的科罗拉多斯普林斯和普莱西德

湖，以及加拿大的蒙特利尔。本届冬奥会第一次进行了电视转播，而且是冬奥会有史以来第一次由女子代表运动员宣誓，这对于进一步提高妇女在冬奥会的地位，推动世界女子冬季体育运动的发展有着积极的意义。

第七届冬奥会会徽

有 33 个国家和地区的 32 个代表团、821 名运动员（其中女子 134 人）参加本届冬奥会，此外还包括教练员和替补队员，总人数达 1445 人。首次参加冬奥会比赛的国家和地区有民主德国（与联邦德国组成联队）、玻利维亚和伊朗。比赛项目分为越野滑雪、跳台滑雪、北欧两项、高山滑雪、有舵雪橇、速度滑冰、花样滑冰及冰球，共 4 类、8 大项、24 小项（增加了越野滑雪男子 30 公里和女子 3×5 公里接力）。本届冬奥会无论是参加的国家和地区、参赛人数，还是奖牌数均为历史新高。

1956 年 1 月 26 日，科蒂纳丹佩佐城市生活脉搏的跳动比往日早，罗马大街的两侧站满了观众。11 时 30 分，意大利总统乔瓦尼 • 格隆基在国歌声中步入奥林匹克体育场，庄严地宣布第七届冬奥会开幕。意大利著名的花样滑冰运动员圭多 • 卡罗利斯右手高擎火炬，登上圣火台，点燃主火炬。接着，意大利优秀女高山滑雪运动员朱利亚娜 • 舍纳尔–米努佐代表运动员宣誓。

最先拉开本届冬奥会比赛帷幕的是冰球比赛，参加冰球比赛的有 10 个代表队，其中包括第一次出席冬奥会的苏联队。苏联队的出现，改变了冬奥会冰球运动由欧、美主导的状况。国际冰球联合会主席约翰·阿亨当时指出“出席 1956 年冬奥会冰球比赛的球队是冰球运动史上实力最强的”，代表加拿大参加本次赛会的球队是 1954 年加拿大业余冰球赛“阿伦杯”的冠军获得者，1955 年世界冠军基奇纳市的“滑铁卢”冰球俱乐部队；苏联队则是由苏军中央体育俱乐部、“苏维埃之翼”及莫斯科“狄纳莫”3 个队的 17 名运动员组成。与上届冬奥会不同的是比赛分两个阶段进行，第一阶段进行分组预赛，小组前 2 名参加第二阶段 1～6 名的决赛。2 月 5 日冰球的最后一场比赛，冠亚军决赛在加拿大队同苏联队之间展开。当比赛进行到第二局的时候，来自莫斯科“狄纳莫”队的 26 岁前锋尤里·克雷洛夫首先攻入一球，接着老将瓦连京·库津又射中一球，苏联队以 2∶0 战胜了加拿大队。苏联运动员在这次赛会展现出的快速、灵活、讲求配合的打法引起了人们的注意。

速度滑冰比赛是在海拔 1184 米、被称为“白云石珍珠”的米苏里纳湖（Lago di Misurina）冰场进行的。湖的四周是覆盖着皑皑白雪的山峰和悬崖，有着天然的屏障，是速度滑冰理想的比赛场地。1 月 28 日速度滑冰比赛的第一天进行的是 500 米项目，苏联著名的短距离运动员叶夫根尼·格里申和英国的选手率先出发。伴随着发令枪声，格里申犹如子弹出膛，猛地冲出起跑线，以相当于每小时 45 公里的速度滑完全程，再次以 40 秒 2 的成绩平了 1 周前他在这里创造的世界纪录；被编排在第 15 组的另一名苏联运动员拉斐尔·格拉奇以 40 秒 8 的成绩获得银牌。

1924—1952 年，历届冬奥会 500 米的成绩一直徘徊在 43 秒以上，而当时的世界纪录已达到 41 秒 2，在近 30 年的时间里，在冬奥会上竟没有一人能够打破这项世界纪录。然而，在科蒂纳丹佩佐，这个沉寂的局面被打破了，在 17 个国家和地区的 47 名运动员参加的 500 米比赛中，有 8 名运动员的成绩突破 42 秒，20 多名运动员打破冬奥会纪录，有 15 个国家和地区的全国纪录被刷新。在 5000 米比赛中，苏联运动员鲍里斯·希尔科夫以 7 分 48 秒 7 的成绩赢得金牌，并创造了这个项目的冬奥会纪录。瑞典的西格瓦德·埃里克松和苏联的奥列格·贡恰连科分别夺得银牌和铜牌。世界纪录保持者、上届冬奥会的冠军亚尔马·安德森仅取得第 11 名。

第七届冬奥会海报

1500 米比赛时，天气不够理想，飘着小雪，刮着微风，冰面的滑度有所下降，因此许多人认为在这样的气候条件下很难产生创纪录的成绩。芬兰运动员托伊沃·萨洛宁和日本的选手率先出发，萨洛宁第一个到达终点，成绩为 2 分 9 秒 4，打破了 8 年前挪威运动员斯韦勒·法斯塔在圣莫里茨创造的 2 分 17 秒 6 的冬奥会纪录。当即有人断言，后面的比赛不会有人超过萨洛宁的成绩。然而，当第 10 组出发的格里申以很快的频率滑完全程的时候，计时表上显示的时间是 2 分 8 秒 6，一项新的世界纪录和冬奥会纪录产生了。接着，苏联运动员尤里·米哈伊洛夫也滑出了同样的成绩，冬奥史上还是第一次由一个国家的两名运动员同时创造出世界和冬奥会纪录，并双双登上金牌领奖台。

1 月 31 日，速度滑冰比赛的最后一项是 10000 米。天空虽然晴朗，但冰场四周充满了雾气，在阳光的照射下，运动员只能看到彼此的身影，一位在场的意大利记者戏称这是速滑场上的一次“追影赛”。比赛结果是瑞典运动员西格瓦德·埃里克松以 16 分 35 秒 9 的成绩夺得冠军，并创造了冬奥会 10000 米的新纪录，挪威选手克努特·约翰内森和苏联选手奥列格·贡恰连科分别获取第 2 名和第 3 名。科蒂纳丹佩佐冬奥会的速滑比赛将历届冬奥会速度滑冰所有项目的纪录全部刷新，这是 1924 年以来最成功的一次冬奥会，产生了 2 项世界纪录和 41 项国家纪录。如果将这次比赛的成绩同第一届冬奥会相比，那么第一届冬奥会 500 米冠军的成绩仅相当于这届冬奥会的第 33 名，第一届冬奥会 1500 米的冠军相当于该届冬奥会的第 46 名，第一届冬奥会 5000 米的冠军相当于该届冬奥会的第 38 名。

越野滑雪的起点和终点都设在新建的斯涅泽纳体育场。在这个体育场，观众坐在看台上随时都能看到运动员在线路上的位置，感受整个比赛形势的变化。同时，他们还能通过安装在场内的黑色大型彩色数字显示板，了解每一名运动员在比赛中的成绩。参加越野滑雪比赛的共有 19 个国家的 187 名运动员，其中苏联运动员的出现打破了瑞典、芬兰及挪威三足鼎立的局面。在女子 10 公里比赛中，苏联的柳博芙・科瑟列娃最先到达终点，成绩是 38 分 11 秒，接着是苏联的拉德耶・叶罗希娜和瑞典的索尼娅・埃德斯特伦。上届冬奥会囊括女子 10 公里全部奖牌的芬兰运动员仅获得第 5 名和第 6 名。在第一次被列入冬奥会比赛项目的女子 3×5 公里接力中，苏联队同芬兰队的争夺十分激烈。苏联队的第 1 个 5 公里由科瑟列娃出场，她以领先芬兰运动员 24 秒的优势到达接力区；第 2 个 5 公里时，芬兰队派出了上届冬奥会 10 公里的银牌获得者米尔贾・希耶塔梅斯，她将差距缩短到 6 秒；芬兰队第 3 个出发的是上届冬奥会 10 公里的铜牌获得者西里・兰塔宁，这位曾三次出席冬奥会的 32 岁老将，在 3 公里处终于追平并超过了苏联队最后一个出场的叶罗希娜。最终，芬兰队以 1 小时 9 分 1 秒的成绩摘取了冬奥会女子 3×5 公里接力项目的第 1 枚金牌。在被称为“越野滑雪马拉松”的男子 50 公里比赛中，第 38 个出发的瑞典选手西克斯滕・耶恩贝里斯第 1 个到达终点，接着是芬兰的韦科・哈库利宁和苏联的费奥多尔・捷连季耶夫。男子 15 公里和 30 公里的金牌分别被挪威的哈尔盖・布伦登和芬兰的哈库利宁夺得。越野滑雪比赛的最后一项是男子 4×10 公里接力，于 2 月 4 日上午进行。苏联队首先派出捷连季耶夫，在滑到 4 公里的时候，捷连季耶夫甩掉了所有的对手，以领先芬兰队 1 分 30 秒的优势到达接力区，接着苏联的帕维尔・科尔钦又将差距扩大到 2 分 46 秒。此后，芬兰运动员虽然奋力追赶，并且在最后一棒派出了 30 公里的金牌获得者哈库利宁，但最终没能挽回败局。

在本届冬奥会的跳台滑雪比赛中，挪威在第一次比赛时就失去了优势，前 6 名选手当中没有一位挪威人。挪威优秀的跳台滑雪运动员、上届冬奥会的金牌获得者阿恩芬・贝格曼仅取得了第 9 名。高山滑雪项目中，奥地利仍占有较大优势，特别是安东・赛勒，他不仅囊括了男子项目所有的金牌，同时还赢得了 4 项世界冠军（高山滑雪世界冠军与奥运会冠军同时产生）。

在男子回转比赛中，猪谷千春为日本夺得了首枚冬奥会高山滑雪银牌。女子滑降、回转及大回转的金牌分别被瑞士队的马德兰・贝尔托、勒内・科利亚尔和德国联合代表团的奥西・赖歇特夺得。花样滑冰男、女单人的金牌均被美国运动员获得。花样滑冰双人的金牌被奥地利的伊丽莎白・施瓦茨和屈尔特・奥佩尔特捧走，这是奥地利运动员自 1924 年以来第二次获得这个项目的冠军。有舵雪橇的比赛有 14 个国家和地区的代表团参加，意大利和瑞士的成绩最为突出，意大利获得 1 枚金牌和 2 枚银牌，瑞士则获得 1 枚金牌和 1 枚银牌。

本届冬奥会苏联运动员参加了越野滑雪、高山滑雪、跳台滑雪、北欧两项、速度滑冰及冰球 6 个项目的比赛，获得金牌 7 枚、银牌 3 枚、铜牌 6 枚，成为本届冬奥会获金牌数和奖牌数最多的国家。苏联运动员的出现，极大地削弱了北欧一些国家和美国的实力，特别是挪威，金、银、铜牌数分别由上届的 7 枚、3 枚、6 枚，减少到了 2 枚、1 枚、1 枚。

2.8 斯阔谷战群城脱颖而出，德国一扫阴霾袭得榜眼

《奥林匹克颂歌》首次在冬奥会奏响，冬奥会第二次来到美国，奥运会圣火被再次点燃。第八届奥林匹克冬季运动会于 1960 年 2 月 18—28 日在美国西部加利福尼亚州中部的斯阔谷（Squaw Valley）举行。斯阔谷坐落在内华达山脉惠特尼山（Whitney Mt.）的西面，毗邻红杉（Sequoia）国家公园，

是美国西部的著名疗养胜地和冬季运动中心。斯阔谷海拔 1889 米，以往几届冬季奥运会会址的海拔高度都比这里低，如圣莫里茨海拔为 1856 米，科蒂纳丹佩佐为 1184 米，而加尔施–帕滕基兴仅 732 米，斯阔谷冬季奥运会是第一次在海拔较高点举行的冬季盛会。与斯阔谷同时申办本届冬奥会的城市还有联邦德国的加尔施–帕滕基兴、奥地利的因斯布鲁克（Innsbruck）和瑞士的圣莫里茨。1955 年在巴黎举行的第五十二届国际奥委会会议上，美国代表出色的宣传和努力，使斯阔谷的申办获得了成功。

本届冬奥会共有 31 个国家和地区的 30 个代表团共 665 名运动员（其中女子 144 人）参加。联邦德国与民主德国仍以联合代表团的形式参加，南非国家奥委会在本次赛会首次派出了代表团。速度滑冰女子项目和冬季两项首次被列入竞赛规程，有舵雪橇由于没有铺设滑道而未被纳入本次赛会。比赛项目共 5 类、8 大项、27 小项，共设金牌 27 枚，其中女子项目 10 枚，男女混合项目 1 枚。

这次赛会进行得十分圆满，组织者专门为运动员修建了冬奥会第一座奥林匹克村和容纳 1.1 万名观众的奥林匹克宫，并提供了一台“拉马克”计算机，使比赛有条不紊地进行。开幕式在斯阔谷奥林匹克体育场举行。美国副总统理查德 • 尼克松宣布开幕，国际奥委会主席艾弗里 • 布伦戴奇出席了开幕式并致辞。美国著名速度滑冰运动员、1952 年冬奥会男子 500 米的金牌获得者肯尼特 • 亨利点燃了主火炬，火种同上届一样，从挪威莫戈达尔村桑德拉 • 诺德海姆故居的壁炉点燃。美国著名花样滑冰运动员卡罗尔 • 海斯代表运动员宣誓。

速度滑冰在斯阔谷海拔 1889 米的高山冰场进行，苏联运动员再一次显示出在这个项目上的优势，男、女 8 个项目，有 6 枚金牌被他们获得。男子 500 米速度滑冰项目中，格里申又一次滑出了 4 年前在米苏里纳湖创造的 40 秒 2 的世界纪录和冬奥会纪录，特别是在闭幕式的表演赛中，他以 39 秒 6 滑完全程，成为男子 500 米速度滑冰首个突破 40 秒大关的运动员。在 1500 米比赛中，挪威 32 岁的老将罗阿尔 • 奥斯以 2 分 10 秒 4 的成绩同格里申并列第 1 名；5000 米和 10000 米的金牌分别被苏联的维克托 • 科西奇金和挪威的克努特 • 约翰内森获得，约翰内森的成绩是 15 分 46 秒 6，打破了 8 年前挪威运动员亚尔马·安德森于 1952 年在奥斯陆创造的 16 分 32 秒 6 的世界纪录，成为冬奥会上第一个打破 10000 米世界纪录的运动员。第一次被纳入冬奥会的速度滑冰女子项目，除 500 米的金牌被德国联队的民主德国运动员黑尔佳·哈泽摘得外，其余均被苏联选手获得。其中，年仅 20 岁的利季娅·斯科布利科娃还以 2 分 25 秒 2 的成绩刷新了女子 1500 米的世界纪录。

欧洲国家在这次花样滑冰赛中遭到了惨败，自 1924 年冬季奥运会创办以来，欧洲第一次没有拿到金牌，美洲则出尽了风头。上届冬奥会男子单人滑的铜牌获得者海斯·艾伦·詹金斯荣获了该项桂冠。女子单人滑的金牌得主则是法国著名花样滑冰选手、2 届奥运会男女双人滑冠军布吕奈夫妇的得意门生、美国的卡罗尔·海斯。双人滑的金牌被加拿大选手芭芭拉·瓦格纳和鲍勃·保罗夺得。

第八届冬奥会会徽

越野滑雪比赛中，北欧选手仍然占据明显的优势，男、女所有 6 个项目，除女子 10 公里的金牌被苏联的玛丽亚·古萨科娃赢得外，其余均由北欧运动员获得。本届冬奥会北欧运动员失去了蝉联 7 届的北欧两项和跳台滑雪的金牌，而这 2 枚金牌恰恰又全被德国运动员夺得，这是北欧在这届冬奥会最失利的事。获得北欧两项金牌的是联邦德国选手乔治·托马，获得跳台滑雪金牌的则是民主德国的赫尔穆特·雷克纳格尔。

在本届赛会上，奥地利、法国和瑞士运动员借助高山滑雪的优势与北美和北欧抗衡，男、女 6 个项目，除了女子滑降和回转的金牌被德国联队与加拿大选手拿走外，其余项目均被来自阿尔卑斯地区国家的运动员获得。

第八届冬奥会海报

第一次被纳入冬奥会的冬季两项有保加利亚、英国、芬兰、法国、民主德国、联邦德国、挪威、瑞典、苏联及美国 10 个国家和地区的 9 个代表队、30 名运动员参加。当时运动员用的都是大口径步枪，射击的姿势也不相同，卧射 3 次，立射 1 次。卧射距离分别为 250 米、200 米和 150 米，而立射距离则为 100 米。出发以后，苏联运动员亚历山大·普里瓦洛夫一路领先，并以 1 小时 22 分 54 秒 2 的成绩，最先滑完 20 公里全程，但脱了 6 靶，加罚 12 分钟，使得总成绩变成 1 小时 34 分 54 秒 2。瑞典选手克拉斯·莱斯坦德虽然慢普里瓦洛夫 10 分 27 秒 4，但 20 发子弹全部命中。因此，莱斯坦德以 1 小时 33 分 21 秒 6 的成绩名列第 1，芬兰运动员安蒂·蒂尔韦宁获得银牌，普里瓦洛夫仅取得第 3 名。

参加本届冬奥会冰球比赛的有奥地利、捷克斯洛伐克、芬兰、加拿大、日本、德国联队、瑞典、苏联及美国 9 个代表队。预赛分为 3 个小组，小组前 2 名参加争夺 1～6 名的决赛。加拿大、苏联、美国均为 2 战 2 胜，获小组第 1 名；瑞典、德国联队和捷克斯洛伐克以 2 战 1 胜 1 负名列小组第 2。决赛阶段，上届冬奥会冠军苏联队前 3 轮打得并不十分顺利，虽然分别以 7∶1 和 8∶5 战胜了德国联队和捷克斯洛伐克队，但被瑞典队以 2∶2 逼平。2 月 16 日，冰球比赛进入第 4 轮，在此之前美国队已经以 2∶1 的比分战胜了加拿大，因此，苏联队同美国队的比赛也就具有十分重要的意义。比赛开始时，苏联队急欲得分，而美国队采取密集防守，迫使苏联队产生急躁情绪。随后，美国队抓住时机，发动猛烈反攻，终于以 3∶2 战胜了最后一个关键的对手，赢得了冬奥会这枚分量最重的金牌。

本届冬奥会各代表团获金牌数同上届冬奥会相比，除奥地利由 4 枚减少到 1 枚和德国联队由 1 枚增加到 4 枚外，其他各国均无明显变化。苏联代表团以 7 金、5 银和 9 铜再次居于榜首，德国联队则以 4 金、3 银、1 铜由上届冬奥会的第 9 位跃升为第 2 位，奥地利、芬兰分别由上届冬奥会的第 2 位和第 3 位退居第 9 位和第 6 位。

2.9 奥地利排除万难办冬奥，苏联力压群雄英勇夺冠

1964 年 1 月 29 日—2 月 9 日第九届奥林匹克冬季运动会在奥地利西部的因斯布鲁克举行。在这届冬奥会上，民主德国和联邦德国联合组成一个德国代表团参加，具有深远的政治意义。奥地利是一个热爱冰雪运动的国家，在前几届冬季奥运会上都曾取得优异成绩，特别是在高山滑雪和花样滑冰两个项目中，更是屡次夺得金牌。因斯布鲁克地处蒂罗尔州（Tirol）中部，市区分布在河两岸，周围峰峦叠起，滑雪场星罗棋布，交通方便，是奥地利著

名的旅游胜地和举行冬季运动竞赛的理想场所。但是，那一年的天气真的跟组委会开了一个不小的玩笑，从 1 月开始，由于反常的气温，无论是城市还是山区，积雪都迅速融化。因此，奥地利政府只能派出军队，从阿尔卑斯山上采雪下山，利用卡车将 20000 块冰砖运送到雪橇比赛赛场，同时将 40000 立方米的雪铺到高山滑雪的赛场上，此外还准备了 20000 立方米的雪，以备不时之需。组委会还特地从美国运来了 6 部造雪机，在比赛场地边随时待命，一旦雪融化，造雪机立刻造雪备用。就这样，因斯布鲁克的人造奥运雪场终于准备就绪。

第九届冬奥会海报

在本届冬奥会中，有 37 个国家和地区派出了 36 个代表团，参加比赛的运动员共 1091 名。参加本届冬奥会的国家、人数及项目设置数均超过了往届，比赛项目在原有项目的基础上又新增设了无舵雪橇、越野滑雪女子 5 公里及跳台滑雪 K90，使比赛项目由上届的 5 类、8 大项、27 小项增加到了 6 类、10 大项、34 小项。因此，赛会在时间上也由过去的 10 天延长到了 12 天。

第九届冬奥会于当地时间 1 月 29 日 16 时在因斯布鲁克的中心体育场举行开幕式，当天 6 万余名观众坐满了看台。本届冬奥会的圣火是在赫拉神殿前，由几位希腊少女用凸透镜聚焦日光点燃圣火盆的，然后用圣火盆点燃火炬，通过接力传递到因斯布鲁克。奥地利的著名高山滑雪运动员约斯尔·里德获得点燃本届冬奥会主火炬的荣誉，代表运动员宣誓的是奥地利的有舵雪橇运动员保罗·阿斯特，奥地利总统阿道夫·谢尔夫宣布第九届冬奥会开幕。

在速度滑冰比赛中，24 岁的苏联运动员莉迪亚·斯科布利科娃，囊括了全部 4 个项目的金牌，超过了芬兰的克拉斯·顿贝格和挪威的伊瓦尔·巴兰格鲁德、亚尔马·安德森这些以往几届冬奥会的最佳速滑选手——他们在一届冬奥会中最多只获得 3 枚金牌。这是冬奥史上第一次由一名运动员在一次赛会上独揽一个项目的所有金牌，连同上届冬奥会，斯科布利科娃共获得了 6 枚金牌，成为冬奥史上获金牌最多的速滑运动员。男子 500 米、1500 米、5000 米和 10000 米的比赛，金牌分别由美国的理查德·麦克德莫特、苏联的安特松、挪威的克努特·约翰内森及瑞典的尼尔松获得。

在花样滑冰比赛中，欧洲运动员夺得了全部金牌，可以说是打了一个漂亮的翻身仗，上届冬奥会一枚金牌未拿，这次却战胜了美洲人。

在越野滑雪比赛中，芬兰运动员埃罗·门蒂兰塔夺得了 15 公里和 30 公里的金牌；50 公里的金牌被瑞典老将西克斯腾·耶恩贝里斯获得，这是自 1956 年始，他接连第三次在冬奥会的 30 公里或 50 公里比赛中取胜。本届冬奥会他还在 4×10 公里越野接力赛中获得了金牌。在跳台滑雪比赛中，新增的 K90 大型台和原有的 K70 标准台的奖牌全部被芬兰和挪威运动员摘得。

在高山滑雪比赛中，奥地利选手在观众的热情支持下，发挥了超高水平，接连取得了 3 项冠军。高山滑雪比赛男、女 6 个项目的金牌都被阿尔卑斯山区的运动员获得，其中奥地利和法国各获得了 3 枚。经验丰富的埃贡·齐默尔曼和少年选手克里斯特尔·哈斯分获男、女速降金牌，候补队员约瑟夫·斯蒂格勒也在男子回转障碍赛中取得了第 1 名。

在重新恢复了的有舵雪橇比赛中，英国队和加拿大队分别获得双人座和四人座的金牌，这是这两个国家第一次在冬奥会上夺得该项目的冠军。在第一次被列入冬奥会的无舵雪橇比赛中，德国运动员包揽了男子单人比赛的所有奖牌及女子单人比赛的金牌和银牌。值得一提的是，意大利雪橇运动员蒙蒂在比赛中展示出了高尚的运动精神，他牺牲自己的成绩，把自己雪橇上的螺丝借给英国运动员纳什和迪克森使用，虽然最后自己只获得了铜牌，但他的这种运动精神，感动了在场的每一个人，他也因此获得了国际奥委会特别颁发的第一届“顾拜旦运动精神”奖。

冰球比赛一共有 16 个国家和地区的代表队参赛，这是冬奥史上参赛队伍最多和比赛持续时间最长的一次。与往届冬奥会不同的是，本次比赛的顺序根据 1963 年世界锦标赛的排名分为 A、B 两个组。作为上届冬奥会冠军得主的美国队在这次比赛中的成绩一落千丈，先后输给了芬兰、捷克斯洛伐克、加拿大、苏联及瑞典队，仅获得第 5 名。上届冬奥会的银牌得主加拿大队也由于输给了瑞典、捷克斯洛伐克和苏联队而被挤出了前 3 名，这是加拿大和美国冰球运动员自 1924 年参加冬奥会以来，第一次被挤出奖牌行列。苏联队以 8 战 8 胜的不败战绩，再次登上了冠军宝座。

本届冬奥会，苏联代表团再次以优异的成绩名列各代表团之首，其在参加的 8 个比赛项目中，共获得了 11 枚金牌、8 枚银牌、6 枚铜牌。奥地利代表团以 4 枚金牌、5 枚银牌和 3 枚铜牌名列第 2。挪威名列第 3，共获得金牌 3 枚，银牌、铜牌各 6 枚。

2.10 格勒诺布尔尽显浪漫风，挪威冬奥重拾榜首之位

第十届奥林匹克冬季运动会于 1968 年 2 月 6—18 日在法国格勒诺布尔（Grenoble）举行，作为法国东南部一座古老的城市，格勒诺布尔在古希腊、罗马时期就已驰名于世。其位于法国东南伊泽尔省（Isere）中部，近阿尔卑斯山，地势高 210 米，周围群峰叠起，山峦起伏。2 月平均气温 -1～4 摄氏度，雪量十分充足，是举办冬奥会的理想之地。组委会为了将这届冬奥会办成“最有成效、组织得最好的运动会”，从获得主办权之日起，就积极着手准备工作。他们仅花了 16 个月的时间，就建了一个有 12000 个座位的冰场，场旁还修建了法国第一个人造滑冰场，滑雪场地设备齐全，并盖了一个奥林匹克村。

第十届冬奥会海报

参加本届冬奥会的有 37 个国家和地区的 1158 名运动员，首次参赛的国家有摩洛哥。民主德国和联邦德国自 1956 年组成德国联队参加了 3 届冬季奥运会后，从本届开始各自独立组队参赛。冬季两项 4×7.5 公里接力第一次被列入冬奥会，因此比赛项目总数变成了 6 类、10 大项、35 小项。

1968 年 2 月 6 日举行第十届冬奥会的开幕式，约有 7 万名来自世界各地的观众出席。开幕式非常隆重热烈，主办当局别出心裁，数架飞机飞临开幕式上空，将 3 万朵色泽艳丽的鲜红玫瑰从飞机上撒落到笼罩着节日气氛的运动场上。天空满是徐徐飘落的鲜花，四周散发着沁人心脾的花香，与皑皑白雪相映，更增加了赛会的喜庆气氛。观众既像置身于繁华喧闹的城市，又似在幽静的田园休憩，别有一番情趣。获得点燃本届冬奥会主火炬荣誉的是著名的花样滑冰运动员阿兰·卡尔马（Alain Calmat），这是冬奥会自 1952 年在开幕式举行点燃圣火仪式以来，第一次将这一荣誉授予花样滑冰运动员。法国的高山滑雪运动员莱奥·拉克鲁瓦代表运动员宣誓，而宣布第十届冬奥会开幕的是法国总统夏尔·戴高乐。

在速度滑冰比赛前，赛会组委会为保证比赛的顺利进行，专门修建了一座专供速度滑冰比赛用的人工冷冻速滑场。速度滑冰当时在法国还没有普遍发展起来，而为了这次的比赛特地修建这座冰场，充分说明了法国人对这次比赛的重视。与此同时，法国政府还让 3500 名士兵待命，随时准备到临近地区运雪。

速度滑冰比赛中，曾称霸的苏联队，由于调整失控、队伍青黄不接及训练上存在的问题，成绩大幅度下降。在 8 个项目的比赛中，仅获得 1 枚 500 米金牌和 1 枚 1000 米银牌，这是自 1956 年参加冬奥会以来，苏联速度滑冰运动员第一次在比赛中遭受这样的挫折。上届排名第 9 的荷兰队在这次比赛中却一举夺得了 3 枚金牌、3 枚银牌和 3 枚铜牌，成为本届冬奥会获得速度滑冰金牌和奖牌最多的国家，同时也使其在奖牌榜上跃升至第 6 位。

在花样滑冰比赛中，沃尔夫冈・施瓦茨夺得了金牌，他来自从未在男子单人滑中获胜的奥地利队；女子单人滑金牌则由美国的佩姬・弗莱明获得。苏联的柳德米拉・别卢索娃和奥列格・普罗托波波夫再次蝉联双人冠军。

在越野滑雪比赛中，挪威无愧“滑雪王国”之称，其与瑞典取得了非常突出的成就。哈拉尔・格隆宁根和奥・埃勒夫萨特分别在男子 15 公里和 50 公里项目中夺得了桂冠，他们还分别在男女两个接力项目中取胜，总共获得了 4 枚金牌。意大利运动员弗朗哥・诺内斯则在 30 公里的比赛中获得了金牌，这是意大利自 1924 年参加冬奥会以来，在这个项目上夺得的第 1 枚金牌，同时也是北欧国家在本届冬奥会越野滑雪项目上失去的唯一一枚金牌。

在高山滑雪比赛中，最引人注目的是法国的让-克洛德・基利，他一人获得了 3 枚金牌，成为高山滑雪继奥地利的安东・塞勒之后第二位在一次赛会上囊括 3 枚高山滑雪金牌的运动员。女子 3 个项目的金牌分别被奥地利的奥尔加・帕尔、法国的玛丽埃尔・瓜切尔及加拿大的南希・格林获得。

在本届冬奥会跳台滑雪和北欧两项的比赛中，金牌被北欧运动员控制的局面也被打破。在 K70 跳台滑雪比赛中，捷克斯洛伐克的运动员埃丝特・莱德茨卡夺得了首枚冬奥会金牌。K90 跳台滑雪的金牌则由苏联的运动员弗拉基米尔 ・别洛乌索夫获得。北欧两项的金牌由联邦德国的弗兰茨・凯勒夺得。苏联的亚历山大·吉洪诺夫和挪威的索尔伯格是冬季两项个人赛金牌的主要争夺者。吉洪诺夫在 20 公里越野滑雪中领先后者 1 分多钟，但在射击中两次脱靶，而索尔伯格弹无虚发。吉洪诺夫因为脱靶被罚掉了 2 分钟，成绩反比对手差，位居亚军，索尔伯格获得冠军。但在 4×7.5 公里的接力赛中，苏联战胜了挪威，取得了团体第 1 名。

冰球比赛一共有 14 个代表队参加。本届冬奥会同上届冬奥会一样，分 A、B 两组进行。决赛期间，在苏联队以 4∶5 输给捷克斯洛伐克队后，形势变得非常微妙。苏联队、捷克斯洛伐克队及加拿大队都各负 1 场，积分均为 10 分。谁打好最后一场，谁就能赢得冠军。捷克斯洛伐克队与夺冠无望的瑞典队对阵，以 2∶2 战和；苏联队却意外地以 5∶0 轻取加拿大队，摘得了桂冠。捷克斯洛伐克队最终以 7 战 5 胜 1 平 1 负，积 11 分名列第 2，上届冬奥会被挤出奖牌行列的加拿大队获得第 3 名。

在本届冬奥会举行的 35 个单项比赛中，挪威队卷土重来，获金牌 6 枚、银牌 6 枚、铜牌 2 枚，位居榜首；苏联队在本届冬奥会中因在滑雪、滑冰比赛中的成绩不理想，居第 2 名，得金、银牌各 5 枚，铜牌 3 枚；法国队名列挪威、苏联队之后，金、银、铜牌分别为 4 枚、3 枚、2 枚。名列第 4 的意大利队也取得了它在冬季奥运会上有史以来的最好成绩，获金牌 4 枚，但无银、铜牌。

2.11　札幌开启亚洲冬奥之门，民主德国赛上尽显优势

第十一届冬季奥林匹克运动会于 1972 年 2 月 3—13 日在日本的札幌（Sapporo）举行，无疑，这对亚洲，特别是对东道国日本冰雪运动的开展起到了积极作用。奥运会固然是运动员之间相互竞技，争夺金牌，但更主要的是宣传奥林匹克理想，促进体育运动的广泛开展。奥运会在不同的国家召开，使它更具国际性。这是冬季奥运会自 1924 年创始以来第一次在欧、美以外的大洲，也是世界人口最多的大洲——亚洲举行。东道主为了办好这届运动

会，专门修建了一座大型冰场，增设了一些体育设施，并采用了不少现代化的先进仪器，大大提高了组织工作的效能。札幌是日本的大城市之一，位于北海道（Hokkaido）南部，周围山地较多，丘陵起伏，每年 10 月开始降雪，12 月至翌年 3 月下旬都会是一片白色世界。特别是在白令海峡寒流南下的冲击和太平洋暖流北上的影响下，札幌冬季多雪而又不十分寒冷，2 月平均气温一般在 –3 摄氏度左右，是日本著名的冬季运动中心。

第十一届冬奥会海报

其实，札幌 1935 年曾向国际奥委会提交过申办 1940 年冬奥会的报告，但在 1936 年的国际奥委会会议上，由于在运动员业余资格问题上的分歧，没能就 1940 年冬奥会举办地点进行讨论。当 1937 年在华沙举行的第三十七届国际奥委会会议上通过在札幌举办第十一届奥运会时，日本政府又因热衷于战争而拒绝。在第二次世界大战以后，随着日本经济的恢复和发展，札幌于 1960 年再次向国际奥委会提出申请，并获得成功。

在这届冬奥会中，一共有 35 个国家和地区的 1006 名运动员参加，其中女子 206 人，男子 800 人。中国台湾代表队也参加了这次比赛。首次参加的国家有菲律宾。本届冬奥会比赛项目与上届冬奥会完全相同，项目总数仍为6大项，35小项。札幌冬奥会也引起了新闻界极大的兴趣，大会的各类采访记者达3895人。

同1964年东京第十八届夏季奥运会一样，东道国日本组织了声势浩大的火炬接力。火炬从奥林匹亚传到日本本土后，大会组织了15000名年龄在11～20岁的志愿者进行了火炬接力跑。开幕式在札幌森林公园的室外体育场进行，5万名观众坐满了看台。本次冬奥会由日本的裕仁天皇宣布开幕，由日本学生高田英纪点燃火炬，这是冬奥史上第一次将点燃主火炬的荣誉授予学生，表达的是对未来的希望。代表运动员和裁判员进行宣誓的分别是速度滑冰运动员铃木敬一和浅木文雄。

在速度滑冰的比赛中，苏联队仍然没能挽回声誉。在男子500米的比赛中，冠军由联邦德国的运动员艾埃哈德·凯勒获得，荷兰运动员阿德·申克在弯道处摔倒，失去了夺金的好机会，而1500米、5000米和10000米的3枚金牌均被荷兰运动员阿德·申克获得。女子4个项目的金牌，美国获得了2枚，联邦德国和荷兰各获得1枚。此次速度滑冰比赛的所有8项冬奥会纪录，除男子5000米以外，均被刷新。

在花样滑冰比赛的男子单人赛中，来自布拉迪斯拉发的杰出花样滑冰运动员翁德雷·内佩拉以绝对的优势为捷克斯洛伐克赢得了首枚冬奥会花样滑冰金牌，而女子单人金牌被20岁的奥地利选手贝特丽克西·舒巴夺得。双人金牌被苏联的伊琳娜·罗德尼娜和阿列克谢·乌兰诺夫获得，这是苏联第三次在冬奥会蝉联这个项目的冠军。

在越野滑雪比赛中，上届冬奥会失利的苏联队东山再起，一举夺得女子5公里、10公里、3×5公里接力、男子30公里和4×10公里接力的5枚金牌。北欧运动员只获得了男子15公里和30公里两个项目的冠军。

在男子回转的比赛中，西班牙在冬奥会上获得的首枚金牌由弗朗西斯科·费尔南德斯·奥乔亚以1分49秒27的成绩获得，它也是本届冬奥会上第18个获得金牌的国家。其余5个项目的金牌分别被意大利、瑞士和美国选手夺得。其中，瑞士的女选手玛丽-泰雷斯·纳迪格获得了2枚金牌。

在 K70 跳台滑雪比赛中，日本优秀的跳台滑雪运动员笠谷幸生、金野昭嗣和青地清二在 3 万余名日本观众的加油声中，一举夺得金、银、铜 3 枚奖牌，为亚洲冬季运动史写下了光辉的一页。K90 跳台滑雪的金牌被波兰运动员沃伊切赫·福尔图纳获得。冬季两项 20 公里的个人赛、4×7.5 公里接力及北欧两项的金牌分别被挪威、苏联、民主德国的运动员获得。

冰球比赛一共 11 个代表队参加。多次夺冠的苏联队不少老将退役，新手不够成熟，虽然他们取胜的可能性不大，但依然连败美国、捷克斯洛伐克等队，只与瑞典队战平，再次登上了冠军宝座。美国、捷克斯洛伐克两队虽然最后积分同为 6 分，但因捷克斯洛伐克队在决赛时以 1∶5 输给了美国队，所以美国队获得了第 2 名，捷克斯洛伐克队只得了第 3 名。

在本届冬奥会上，民主德国运动员的成就引起了人们的广泛注意。他们确立的“全面发展、合理布局、发挥优势、重点突破”的冬奥战略，在本届赛会上取得了显著的效果。在其优势项目无舵雪橇的比赛中，先后赢得了 3 枚金牌、2 枚银牌和 3 枚铜牌。也就是说，无舵雪橇 3 个项目的奖牌除双人冠军与意大利选手并列以外，其余全部被民主德国选手夺得。

2.12 圣火曲折降因斯布鲁克，天气多变比赛面临挑战

第十二届奥林匹克冬季运动会于 1976 年 2 月 4—15 日再次在奥地利的因斯布鲁克举行。这次赛会原定在美国科罗拉多州（Colorado）的丹佛市（Denver）举行。1970 年国际奥委会通过投票决定在丹佛市举行本届奥运会，但以丹佛为中心的科罗拉多州的民众却以大会会使环境遭到破坏为由，反对在该市举行，因此当局不得不放弃了这次主办权。此后，奥地利的因斯布鲁克、法国的霞慕尼（Chamonix）、芬兰的坦佩雷（Tampere）、瑞典的奥勒（Ole）、美国的普莱西德湖（Lake Placid）、加拿大的温哥华（Vancouver）及瑞士的锡永（Sion）纷纷向国际奥委会提出申请，希望承办这次赛会。1973 年 2 月 4 日，国际奥委会主席基拉宁同 8 名执行委员在瑞士的洛桑（Lausanne）

召开理事会，经审议并通过投票，决定由因斯布鲁克代替丹佛主办本届冬奥会。

第十二届冬奥会海报

应邀参加本次盛会的共有 37 个国家和地区的 1123 名运动员，首次参加的有安道尔（Andorra）和圣马力诺（San Marino）。比赛项目为 6 类、10 大项，竞赛项目略有变化，越野滑雪女子接力由 3×5 公里改为 4×5 公里；花样滑冰和速度滑冰分别增加了冰上舞蹈和男子 1000 米。因此项目总数为 6 大项、37 小项，奖牌总数也由上届冬奥会的 105 枚增加到 111 枚。

本届冬奥会于 1976 年 2 月 4 日举行了隆重的开幕式，地点仍在因斯布鲁克的中心体育场，但与其他会址不同的是，主会场设有两个火焰塔，一个是 12 年前建的，一个是新建的。开幕式上，先由奥地利的雪橇运动员约瑟夫·费斯特曼特尔点燃新建塔上的火焰，然后再由他的同胞、高山滑雪运动员克里斯特尔·哈斯点燃旧火焰塔。两个火焰塔日夜燃烧，标志着蒂罗尔州的首府是冬季奥运会的两次主办地。国际奥委会新任主席基拉宁出席了开幕式并致辞，奥地利总统鲁道夫·基希施莱德宣布了大会开幕；代表运动员宣誓的是东道主的雪车选手维尔纳·戴尔–卡尔特；代表裁判员宣誓的是奥地利的北欧两项裁判员怀利·克斯廷格。

这次赛会由于年轻选手增多、平均年龄下降及突然的气候变化，许多运动员带病上场，约 24%的运动员患有感冒，竞赛活动一度受到威胁，这在一定程度上影响了运动员的比赛成绩。因此，一些国家在后来的冬奥会上掀起了出征前的“耐寒锻炼”。因斯布鲁克市政当局动员了 200 辆汽车，从意大利边境的布伦纳（Brenner）山口运雪以保证比赛顺利进行。

在速度滑冰比赛中，连续遭受两次挫折的苏联队终于东山再起，一举夺得女子 1000 米、1500 米、3000 米及男子 500 米的 4 枚金牌。女子 500 米和男子 1000 米的金牌被美国队获得。男子 500 米速滑比赛中，25 岁的苏联运动员叶夫根尼・库利科夫取胜。男子 1500 米、5000 米比赛的冠军分别被挪威队的扬・伊尔・斯托霍尔特和斯・斯滕森获得。与上届冬奥会比较，荷兰队这次的成绩不佳，仅皮特・克莱因一人在 10000 米、500 米 2 项比赛中获金、银牌各 1 枚。在女子比赛中，25 岁的苏联运动员塔季杨娜・阿韦里娜成绩最佳，她参加了 4 个项目中的全部比赛，都获得了奖牌，其中 1000 米、3000 米两项是金牌。500 米比赛的夺冠者是美国 25 岁的希拉・扬。苏联 27 岁的加利娜・斯杰潘斯卡娅夺得了 1500 米的冠军。

在花样滑冰比赛中，英国的约翰・柯里获得了男子单人滑桂冠。美国 19 岁的多萝西・哈米尔在女子花样滑冰单人滑中以优异的成绩赢得金牌，她与佩吉・弗莱明出自同一师门，是优秀教练员卡洛・法西亲手培养出来的。有趣的是，哈米尔还是从电视上看到弗莱明的精彩表演后，才投身法西门下走上冰场的。苏联著名的运动员伊琳娜・罗德尼娜在这次赛会上同亚历山大・扎伊采夫合作，获得双人滑的金牌。这是苏联连续 4 届在冬奥会获得这个项目的冠军。在新增设的冰上舞蹈比赛中，苏联运动员显示出了很大的优势，获得金、银 2 枚奖牌。男子单人和女子单人的冠军分别被英国的约翰・柯里和美国的多萝西・哈米尔夺得。

在越野滑雪比赛中，苏联运动员继续保持领先的地位。男子项目中，苏联的尼古拉・巴茹科夫和谢尔盖・萨韦利耶夫分别获得了 15 公里、30 公里的冠军。芬兰队除伊瓦尔・福尔莫曼在 50 公里赛中取胜外，还在 4×10 公里接力赛中夺冠。两国各得 2 枚金牌，可谓势均力敌。女子比赛中，芬兰的埃莱娜・塔卡洛和苏联的赖莎・斯麦塔尼娜分别赢得了 5 公里、10 公里的金牌。但在 4×5 公里的接力赛中，苏联战胜了芬兰，夺得了 1 枚金牌。这次赛会，苏联运动员还夺得了冬季两项所有 2 个项目的金牌，从而创造了冬奥史上一个国家在一次赛会获得13枚金牌的最高纪录。

北欧两项、有舵雪橇2座和4座、无舵雪橇男子单人、女子单人和双人的金牌全部被民主德国的运动员获得。民主德国运动员在本届冬奥会上的成就，在各代表团驻地引起了很大的震动。因斯布鲁克的报纸以“雪橇场上来自民主德国的旋风”为题发表评论。本届冬奥会，民主德国以7枚金牌、5枚银牌、7枚铜牌及非正式团体总分135分的成绩，紧跟冰雪大国苏联之后。

在高山滑雪女子比赛中，成就突出的是25岁的联邦德国运动员罗茜·米特迈尔，她在速降赛和回转障碍滑中两夺桂冠，但在大回转障碍中以百分之十二秒之差输给了加拿大的卡蒂·克雷纳，位居亚军。在男子速降赛中则出现了精彩一幕，东道主选手弗朗茨·克拉默由于滑降速度太快，最终因无法控制身体平衡，跌跌撞撞地冲过终点线而夺冠。上届冬奥会获得3枚金牌的瑞士代表团在这次赛会上仅获得男子大回转的1枚金牌，总成绩由上届冬奥会的第3位下降到了第8位。

在前两届冬奥会上，苏联在冬季两项的个人赛中每次只要越野滑雪的成绩领先，射击就总有脱靶的现象，以致功亏一篑。然而，这次他们终于如愿以偿，尼古拉·克鲁格洛夫夺下了这枚金牌。接力赛苏联也蝉联了冠军。

本届冬奥会首次将冰球参赛的队数限定为12个，但加拿大队和瑞典队因有职业选手参加，被取消了参赛资格。比赛依旧按照1975年世界锦标赛的排名分为A、B两组，放弃参赛权的队伍由排名靠后的队伍依次增补。夺标呼声较高的捷克斯洛伐克队在决赛阶段出师不利，与水平不高的波兰队交锋时，出人意外地以0∶1败北。苏捷之战是冠军之争，但由于此前捷克斯洛伐克队已负波兰一场，因此捷克斯洛伐克队处于劣势地位。不过开赛后，捷克斯洛伐克队勇猛顽强，奋力拼搏，打得很有声色，但后续因体力不支等原因，最终以3∶4输给了对手，苏联第五次获得这项桂冠。捷克斯洛伐克队以5战3胜2败获得了银牌，联邦德国获得铜牌。

本届冬奥会苏联取得了空前的胜利，获金牌13枚、银牌6枚、铜牌8枚；民主德国依旧成绩卓著，这次共得金牌7枚、银牌5枚、铜牌7枚，较稳固地取代了往昔在冬季奥运会上居优势的挪威、美国的地位，对苏联也逐渐形成了威胁。居第 3 位的美国队金、银牌各 3 枚，铜牌 4 枚。挪威队与美国队的金、银牌数相等，但铜牌只有 1 枚。

2.13 奥运圣火再临普莱西德，五星红旗首登冬奥现场

第十三届冬季奥林匹克运动会于 1980 年 2 月 13—24 日在美国普莱西德湖举行，这也是继圣莫里茨和因斯布鲁克两个城市之后第三个两次承办冬奥会的城市。中国代表团首次出征冬奥会。普莱西德湖自 1932 年成功地举办了第三届冬奥会以来，便成为美国冬季运动活跃的场所之一。当国际奥委会决定第十三届冬奥会再次在普莱西德湖举行时，美国普莱西德湖冬奥组委会便立即开始了一系列新建和改建工作，总耗资达 1.5 亿美元，相当于 1932 年冬奥会耗资的 135 倍。自 1977 年破土动工，先后在普莱西德湖西面通往萨拉纳克湖（Saranac）6 英里（9.66 公里）原是一片森林的地方新建了一个奥林匹克村，改建了一个可容纳 8000 名观众的椭圆形奥林匹克中心滑冰场和两座滑冰馆，改建了两条雪橇滑道、两座人工冷冻滑冰馆、一座 K90（标准台）和一座 K120（大型台）滑雪跳台。

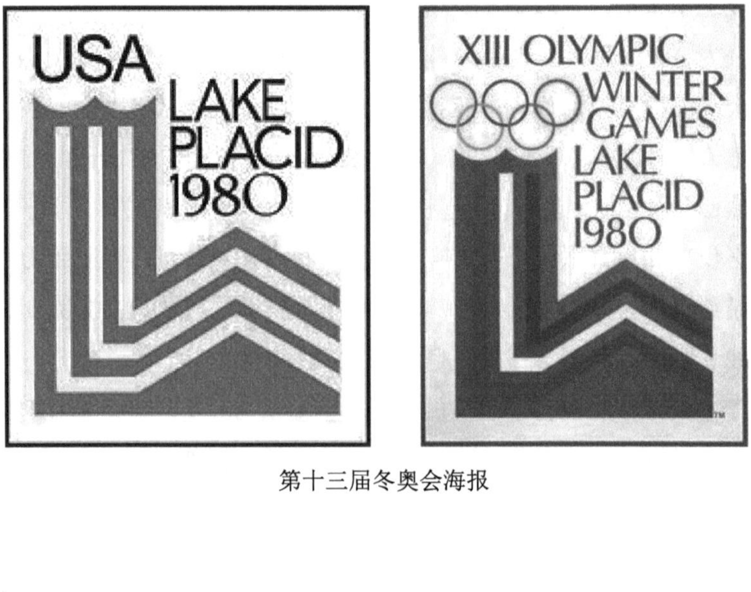

第十三届冬奥会海报

这个小镇固然有承办冬奥会的经验，但 1932 年冬奥会无论从参加人数还是竞赛规模都是无法与本届赛会相提并论的。本届赛会期间，从世界各地涌来的包括运动员在内的客人就达 5 万人之多。如何解决交通运输问题和避免堵塞现象，曾使大会组织者煞费苦心。主办方虽然作了许多努力，但仍旧碰上了一些难题。本届赛会的第一个项目 30 公里滑雪比赛结束后，负责授奖的国际奥委会副主席穆罕默德·姆扎利所乘的车辆竟被堵在路上，不得不临时请国际奥委会主席基拉宁替代。另外，雪的问题也使组委会大伤脑筋，这年冬季，普莱西德湖雪量颇少，大会只好选择人造雪。但老天好像故意为难似的，人工雪刚造好，便在开幕前一天来了一场暴风雪。因为人造雪和天然雪很难融为一体，组委会又不得不组织大量人力清扫。在组委会的积极努力下，一个个难题得到了妥善解决，大会于 1980 年 2 月 13—24 日顺利举行。

参加赛会的有来自 37 个国家和地区的 1072 名运动员，其中女运动员 233 人，男运动员 839 人。第一次出席冬奥会的国家有中国、哥斯达黎加和塞浦路斯。大会共招募 6703 名志愿者。本届赛会竞赛项目除增加 1 项现代冬季两项 10 公里个人赛外，其余均与上届赛会相同，比赛共 6 大项、38 小项。赛区比较分散：滑冰、冰球在奥林匹克中心冰场，滑雪在怀特菲斯山，跳雪在英特维尔雪场，现代冬季两项和雪橇在霍文伯格山。

开幕式于当地时间 2 月 13 日 14 时 30 分在普莱西德湖奥林匹克体育场举行。来自世界各地的 2 万余名观众坐满了看台。普莱西德湖奥林匹克圣火是当年 1 月 30 日在奥林匹亚林中点燃的，于开幕前一天传到主办地。美国著名的速度滑冰运动员埃里克·海登代表运动员宣誓，代表裁判员宣誓的是速度滑冰裁判员特里·麦克德莫特。这次点燃运动场火炬的方式与以往不同，点火人是已经 45 岁并有 5 个孩子的来自普莱西德湖的查尔斯·摩根·克尔博士，并不是本国知名运动员或社会名流。在本届组委会主席贝纳德·费尔和基拉宁讲话后，蒙代尔副总统宣布第十三届冬奥会开幕。当第一次参加冬奥会的中国体育代表团以速滑运动员赵伟昌高擎五星红旗为先导步入会场时，受到了全场观众热烈的欢迎。入场仪式结束，普莱西德湖的居民罗伯特·洛佩斯右手高擎火炬跑入会场，然后由查尔斯·摩根·克尔登上圣火台点燃主火炬。普莱西德湖组委会为使本届冬奥会火炬的接力通过美国历史上起过重要作用的地区，决定将火种先从希腊空运到东海岸弗吉尼亚州的莱恩格利机场（弗吉尼亚是英国移民来北美首先到达的地方），然后再经水路运抵宾夕法尼亚州南部的约克镇。火炬接力从约克镇出发，历时 9 天，穿过 6 个州，行程 1600 余公里，于 2 月 8 日到达普莱西德湖镇中心。

本届冬奥会的越野滑雪是冬奥会有史以来参赛人数最多、竞争最激烈的一次。在男子 15 公里追逐中，瑞典的托马斯·瓦斯贝里以百分之一秒的优势夺得冠军，这成为冬奥会越野滑雪史上冠、亚军成绩差距最小的一次，并被载入了吉尼斯世界纪录大全。苏联的尼古拉·济米亚托夫在男子越野滑雪赛中取得了优异成绩。他在 30 公里、50 公里和接力赛中三夺金牌，成为冬季奥运会上第一个取得如此成就的滑雪选手。在越野滑雪女子项目的比赛中，10 公里和 4×5 公里接力的金牌被民主德国运动员芭芭拉·佩措尔德获得，这是民主德国运动员自 1956 年参加冬奥会以来，第 1 次赢得这个项目的金牌。

北欧两项的金牌再次被民主德国运动员乌尔里希·韦林获得，这使他成为继瑞士越野滑雪运动员西克斯滕·耶恩贝里和挪威花样滑冰运动员索尼娅·海妮之后第三位在个人项目比赛中取得三连冠的运动员。

跳台滑雪在普莱西德湖的凹地滑雪场进行，有 16 个国家和地区的 48 名运动员参加了 K90 的比赛。来自奥地利的 21 岁普通士兵圣安东以两次试跳分别为 89 米和 90 米，积 2663 分的成绩为奥地利赢得了这一项目的第 1 枚金牌。

高山滑雪比赛是在普莱西德湖东北的怀特菲斯山进行的。第一天的男子速降比赛遇上了大雪天气，能见度较差，金牌出人意料地被奥地利的斯托克获得。这位 21 岁的选手原是一位替补队员，就在比赛的前一天才被代表团确定为正式出场队员。瑞典名手英格马尔·斯滕马克和列支敦士登的女将汉尼·文策尔分别在男、女大小回转障碍滑中夺标，各获 2 枚金牌。在大回转比赛中，第 1 轮斯滕马克以 1 分 20 秒 49 列第 3 位，但第 2 轮他滑得十分出色，以 1 分 20 秒 25 排在第 1 位，最终以总成绩 2 分 40 秒 74 夺取了这个项目的冠军。23 岁的汉尼·文策尔在上届冬奥会上曾获得 1 枚铜牌，这次她与弟弟安德烈亚斯·文策尔一道参赛，除上述 2 枚金牌外，姐弟俩还分别在速降和大回转赛中各得 1 枚银牌。列支敦士登是一个只有 2 万多人口的小国，这次获 2 枚金牌、2 枚银牌，名列本届冬奥会奖牌榜第 6。如果按人口平均算，则居各国之首。

冬季两项、有舵雪橇、无舵雪橇比赛在霍文伯格山进行，苏联运动员和民主德国运动员取得了极其优异的成绩，所有 8 个项目，除有舵雪橇双人座的金牌被瑞士选手夺得外，其他几项均由民主德国和苏联运动员获得。特别是冬季两项，斯堪的纳维亚运动员第一次被全部挤出前 3 名。民主德国虽然失去了连续保持 2 届的无舵雪橇女子单人赛的金牌，但在冬季两项比赛中却意外地获得了 10 公里个人赛的金牌，这也是民主德国运动员在冬奥会获得的首枚冬季两项金牌。

在速度滑冰比赛中，破冬奥会纪录的运动员有时不只是前几名，甚至可能是前十几名。天气虽然比较冷（气温有时低达–25 摄氏度），但运动员们还是创造出了一系列好成绩。男、女 9 个项目中，有 63 名运动员 108 次打破了冬奥会纪录并刷新了一项世界纪录。在一届赛会上有如此多的运动员打破如此多的纪录，这在冬奥会历史上还是第一次。特别是美国运动员埃里克·海登，1976 年时，这个年仅 17 岁的少年便多次创造世界纪录，获世界冠军。这次他不仅打破了冬奥会速度滑冰男子所有 5 个项目的纪录，刷新了一项世界纪录，而且还囊括了男子所有 5 个项目的金牌。这样的好成绩使埃里克·海登成为这次赛会的头号新闻人物，他也因此而获得了第十三届冬奥会杰出运动员的称号。速度滑冰女子项目的 4 枚金牌不像男子那样，而是被荷兰、民主德国、挪威、苏联 4 个国家的运动员取得。

冰球战幕于大会开幕前一天便被拉开，到闭幕日才宣告结束，是本届比赛时间最长、最紧张激烈的项目。其中，苏、美之争使赛场气氛达到高潮。苏联自 1956 年参加奥运会冰球比赛以来，曾 5 次夺魁，美国队于 1960 年也曾获冠军，此次一个想蝉联冠军，一个力图东山再起。这支美国历史上最年轻的冰球队在比分三度落后的不利形势下顽强奋战，最终以 4∶3 反败为胜。消息传开后，轰动了整个美国，美国总统亲自打电话向运动员表示祝贺，并邀请他们去白宫做客。2 月 24 日美国对芬兰，以 4∶2 取胜，实现了他们东山再起的愿望，打破了苏联自 1964 年垄断冰球冠军的局面。

令人振奋的是，中国首次派出代表团参加冬奥会。共有 28 名男、女运动员参加了速度滑冰、花样滑冰、越野滑雪、高山滑雪及冬季两项 5 大项、18 小项的比赛。正是这次比赛，使中国运动员看到了差距，进一步接触和学习了国外的先进技术，丰富了比赛经验，为加速冰雪运动的发展起到了重要的作用。

苏联代表团在本届冬奥会上获得 10 金、6 银和 6 铜的成绩，再次保持了在冰雪项目上的优势。但同上届冬奥会相比，苏联的金牌数减少了，特别是失去了蝉联 4 届的冰球冠军。民主德国仍居第 2 位，但成绩有明显的提高，是本届赛会获奖牌最多的代表团。东道主美国队列第 3 位，所获金、银、铜牌数恰好与 48 年前相同，可以说是历史的巧合。

2.14 冬奥规模再显浩大盛世，比赛彰显世界各国实力

第十四届奥林匹克冬季运动会于 1984 年 2 月 8—19 日在南斯拉夫的萨拉热窝（Sarajevo）举行，这是截至此时，唯一一次在社会主义国家举办的冬季奥运会。萨拉热窝位于南斯拉夫中部，是波斯尼亚–黑塞哥维那（Bosnia and Herzegovina）共和国的首府。周围山峦起伏，群峰环绕，这些山峰与其他丘陵组成了一条波斯尼亚山区气候和黑塞哥维那地中海山区气候的自然分界线。这里的积雪期长达 6 个月之久，雪量十分丰足，山区 1～2 月的平均气温均低于 0 摄氏度。在这种地理气候条件下，非常适宜进行冬季运动。1978 年，这里被选为第十四届冬奥会会址后，南斯拉夫便着手开展各方面的准备工作，总耗资达 14 亿美元，新建了奥林匹克村，整修和扩建了科舍沃体育场及其相邻的泽特拉体育馆，以及其他比赛场地。为预防雪量不足，大会还专门设计了“雪炮”，以便随时进行人工造雪。组委会因工作出色，受到了各国的好评。闭幕式上，国际奥委会主席胡安・安东尼奥・萨马兰奇对南斯拉夫所作的贡献予以高度评价，认为此届冬奥会是“冬季奥运会 60 年历史上开得最好、最精彩的一届”，并代表国际奥委会授予本届组委会主

席布兰科·米库利奇一枚奥林匹克金质勋章。本届组委会还与当年夏季奥委会洛杉矶组委会联合发行了友谊纪念章，这在奥运史上也是第一次。参与报道本届赛会的新闻记者共有 7393 名，其中文字记者 2363 名，广播记者 5030 名。大会共招募到 10450 名志愿者。

第十四届冬奥会比赛场景

冰雪运动已在更多国家和地区得到了广泛开展，应邀参加本届运动会的有 49 个国家和地区的 1272 名运动员。以往各届，参赛代表团从未超过 40 个，本届猛增到 49 个，丹麦、葡萄牙曾报名参加，但在大会开幕前夕退出。首次参赛的有波多黎各、维尔京群岛、塞内加尔、摩纳哥、墨西哥。维尔京群岛派出的唯一选手是一名黑人，这也是冬季奥运会自创办以来首次有黑人运动员出席。

本届比赛项目增加了 1 项女子 20 公里越野滑雪，使原先的 38 个单项增至 39 个。比赛赛区较为分散，越野滑雪、现代冬季两项、跳台跳雪等在伊格曼山；高山滑雪男子项目在贝利亚什尼察，女子项目在贾哈里那；雪橇比赛在离市区最近的特雷贝维奇山；滑冰、冰球等在泽特拉体育中心。

本届冬奥会开幕式于 1984 年 2 月 8 日当地时间 14 时 30 分在萨拉热窝著名的科舍沃体育场举行，萨马兰奇出席了大会。虽然大雪纷飞，但能容 55000 名观众的科舍沃体育场座无虚席。南斯拉夫联邦主席团主席米卡·什皮利亚克出席和宣布了大会开幕。本届奥林匹克火炬采取了与以往不同的传递方式，火种在希腊奥林匹亚圣地采集，1 月 29 日运抵南斯拉夫南部海滨城市杜布罗夫尼克（Dubrovnik）。然后，两支火炬接力队 1 月 30 日同时出发，分南、北两路进行火炬接力，最后于波斯尼亚–黑塞哥维那会合，于开幕的当日传递到萨拉热窝。点燃主场火焰的是南斯拉夫的女子花样滑冰冠军桑德拉·杜布拉夫契奇。在开幕式上代表运动员和裁判员宣誓的分别是来自东道国的高山滑雪运动员博扬和高山滑雪裁判员德拉甘·佩罗维奇。

在速度滑冰比赛中，尽管比赛期间天气不够理想，但运动员还是创造出了较好的成绩。在男子项目上，美国队由于上届冬奥会 5 枚金牌的获得者海登的退役，实力大大减弱，参赛的 5 名运动员竟没有一人进入前 3 名。被誉为“冰上三杰”的民主德国女选手卡琳·恩克及克里斯塔·罗滕堡，不仅囊括了女子所有 4 个项目的金牌和银牌，而且还创造了 1 项世界纪录和 4 项冬奥会纪录。在男子 1000 米、1500 米项目上，主要夺冠选手是加拿大的盖坦·布谢港和苏联的谢尔盖·奥拉。在男子 500 米比赛上，名气不大的 21 岁的谢尔盖·奥拉出场并夺得了冠军。苏联 19 岁的伊戈尔·马尔科夫在 5000 米比赛中因经验不足，败给了 24 岁的瑞典名将古斯塔夫松。但是他 6 天之后在 10000 米的比赛中，战胜了古斯塔夫松，取得了金牌。

花样滑冰和冰上舞蹈比赛是在泽特拉体育中心进行的，男子单人滑桂冠获得者、25 岁的美国选手斯科特·汉密尔顿，身高仅 1.59 米，体型也并不理想，但勤劳的汗水使他获得了技术的丰收。观众的心伴随着他那优美的动作节奏一起跳动，一起旋转。他在 1980 年冬季奥运会和世界锦标赛上均得第 5 名，步入了世界优秀选手行列。1981—1983 年接连在世界锦标赛中夺冠，这次在萨拉热窝又登上了冠军宝座。冰上舞蹈则是如同赛前人们预料的那样，冠军获得者为英国选手杰恩斯·托维尔与克里斯托弗·迪安，两人的波勒洛舞曲的表演，获得了一致好评，所有的裁判员均出示了艺术分满分。在女子单人比赛中，年仅 18 岁的卡塔丽娜·维特以其新颖的编排和杰出的表演战胜了美国的罗萨琳·萨姆纳，使民主德国再次蝉联了冬奥会这个项目的冠军。

越野滑雪比赛是在萨拉热窝西南 25 公里的伊格曼山脚下的大波尔耶高原综合滑雪场进行的。在男子 30 公里比赛中，苏联运动员尼古拉出发后即以全速滑进，在各区段一路领先，最后以快于第 2 名 27 秒的优势，第一个到达终点，蝉联了这个项目的冠军。男子其他 3 个项目的金牌均被瑞典选手获得。女子 4×5 公里接力的金牌被挪威队获得，这是挪威代表团在本届冬奥会越野滑雪比赛中获取的唯一一枚奖牌，而男子项目的比赛则全部被挤出前 3 名，这在挪威滑雪史上还是第一次。

高山滑雪比赛是本届冬奥会参赛国家和地区人数最多的项目，运动历史悠久的瑞士、奥地利、法国、美国等充分体现了“重在参与”的奥林匹克精神，其中既有意大利也有刚刚加入冬奥会高山滑雪行列的墨西哥、摩纳哥、塞内加尔及埃及。在男、女 6 个项目的比赛中，美国运动员大放异彩，选手们接连在男、女高山滑雪赛的男子速降、小回转和女子大回转中夺魁，共获 3 枚金牌，这是美国运动员在滑雪项目中成绩最辉煌的一次。

本届冬奥会最令挪威人振奋的是他们终于夺回了失去 16 年之久的北欧两项的冠军。北欧两项是挪威传统的雪上项目，1924—1964 年，挪威先后赢得 8 次该项目的冬奥会冠军和 17 次世界冠军。1966 年开始，随着民主德国的崛起，挪威逐渐失去了在这个项目上的优势。1980 年的冬奥会结束后，由于著名运动员乌尔里希 • 韦林的退役，民主德国在此项目上的实力大大减弱。因此本届冬奥会北欧两项金牌的争夺，实质上是北欧各国之间的较量。在第一项跳台滑雪的比赛中，挪威的汤姆 • 桑贝格第一次试跳以 86 米的成绩同芬兰的尤卡并列第 1 名，第二次试跳桑贝格又创造了 88 米的好成绩；接着是第二项越野滑雪，桑贝格虽然落后芬兰选手约科 • 卡拉亚莱宁 1 分 20 秒 7，但由于跳台滑雪的成绩远远超过对手，最后他以 422.595 分的总成绩获得冠军。

冬季两项的比赛于 2 月 11 日在伊格曼山脚下的大波尔耶综合滑雪场拉开帷幕。联邦德国运动员安格雷尔表现出了良好的心理素质，以 1 小时 11 分 52 秒 7，仅脱 2 靶的成绩赢得了 20 公里的个人冠军；10 公里的金牌被挪威运动员埃里克获得。

有舵雪橇和无舵雪橇的比赛是在萨拉热窝东南海拔 1600 米的特雷贝维奇山北坡新建的雪橇场进行的。无舵雪橇冰道男、女项目的全长分别为 1210 米和 993 米，有舵雪橇双人座和四人座赛道的全长为 1245 米和 1300 米。两条冰道均安装有人工制冷设备。有舵雪橇双人座和四人座的金牌和银牌均被民主德国运动员获得。民主德国虽然囊括了无舵雪橇女子单人项目全部的奖牌，但连续保持了 3 届的男子单人及双人项目金牌却被意大利运动员保尔及联邦德国夺得。希尔德加特内尔 5 次参加冬奥会，1972 年曾为意大利赢得了冬季奥林匹克运动（1924—2002 年）第一枚无舵雪橇的双人金牌，这次则又获得第一枚单人金牌，在意大利无舵雪橇史上留下了光辉的一页。

冰球比赛从 2 月 7 日开始，历时 13 天。获得本届冬奥会冰球比赛入场券的有捷克斯洛伐克、瑞典、加拿大、联邦德国、芬兰、美国、波兰、意大利、奥地利、挪威及东道主南斯拉夫。比赛分两个阶段，第一阶段为分组预赛，小组前 2 名参加第二阶段 1～4 名的决赛，小组第 3 名则争夺 5、6 名，小组第 4 名争夺 7、8 名，小组后 2 名按积分排定 9～12 名。第一小组的苏联队在以 10∶1、6∶1、12∶1、5∶1、9∶1 分别战胜了瑞典、联邦德国、波兰、意大利及南斯拉夫之后，又以 2∶0 和 4∶0 分别战胜了捷克斯洛伐克和加拿大，从而第六次登上了冬奥会冰球冠军的宝座。捷克斯洛伐克队和瑞典队分别获得银牌和铜牌。

本届冬奥会经过 13 天的比赛，产生了 39 个项目的冠军。有 21 个国家和地区的运动员进入了前 8 名。18 个国家和地区的运动员获得了奖牌，获奖牌运动员的总数达 22 人（按实际颁发的奖牌数计算）；获金牌最多的国家是民主德国，其次是苏联。

这次赛会，中国派出了 37 名运动员，分别参加了越野滑雪、冬季两项、高山滑雪、速度滑冰及花样滑冰的 5 大项、26 小项比赛。同上届冬奥会相比，一些项目的成绩有所提高，如高山滑雪男子回转及速度滑冰女子 1000 米、1500 米、3000 米等。特别是在有 38 个国家和地区的 101 名运动员参加的男子回转比赛中，吴德强、李光全和刘长城分别获得第 29 名、第 30 名和第 33 名的较好成绩。速度滑冰女子 4 个项目的成绩也均超过上届冬奥会。这些均显示出，这 4 年来中国的冰雪运动有了长足的进步。

2.15 卡尔加里愿望终于达成，盛会如节日般喜庆祥和

第十五届奥林匹克冬季运动会于1988年2月13—28日在加拿大的卡尔加里举行。卡尔加里位于艾伯塔（Alberta）省南部，坐落在落基山脉东部，海拔 1050 米，是艾伯塔省冬季运动的中心，当地曾举办过世界花样滑冰锦标赛、世界跳台滑雪锦标赛及“加拿大杯”国际冰球赛。

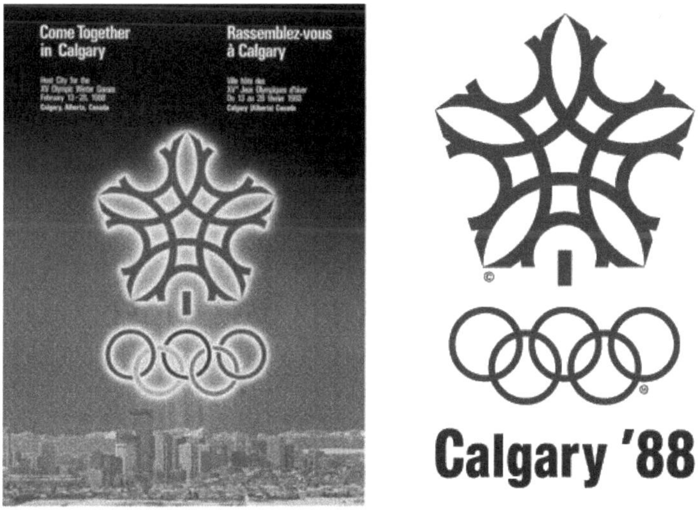

第十五届冬奥会海报

本届冬奥会共有 57 个国家和地区的 1423 名运动员参赛。第一次出席冬奥会的国家和地区有美属萨摩亚、牙买加、斐济、危地马拉、荷属安的列斯群岛及英属维尔京群岛。赛会增加了北欧两项团体、跳台滑雪团体、高山滑雪男子全能及女子全能、男子超大回转、女子超大回转及速度滑冰女子比赛项目，从而使本届冬奥会比赛的项目增加到了 46 小项。因此，会期也由过去的 12 天增加到 16 天。

本届冬奥会的开幕式于 2 月 13 日在卡尔加里大学的麦克马洪体育场举行。国际奥委会主席萨马兰奇和加拿大总督珍妮·索韦夫人出席了开幕式，

并由索韦夫人宣布开幕。加拿大 12 岁的业余花样滑冰运动员罗宾·佩里点燃圣火，这是冬奥会自 1952 年点燃圣火仪式以来第一次将此荣誉授予业余运动员。1987 年 11 月 15 日圣火火炬于当地时间 11 时在希腊奥林匹亚赫拉神殿被女祭司从祭坛取出的火种点燃。11 月 17 日，这支象征团结互助奥运精神的火炬跨越大西洋，经空运抵达加拿大东岸纽芬兰省的信号山，从这里开始了奥运史上里程最长的历时 88 天的火炬接力长跑。整个长跑东始大西洋海岸的纽芬兰（Newfoundland），西及濒临太平洋的维多利亚岛（Victoria Island），南至美国边境，北抵人迹罕至的北极圈，穿过 800 余座城镇和乡村，全程 1.8 万公里。代表运动员和裁判员宣誓的是加拿大越野滑雪运动员皮埃尔·哈维和花样滑冰裁判员苏珊娜·莫罗–弗朗西斯。

在马鞍体育馆进行的速度滑冰比赛，是冬奥会有史以来第一次在全封闭的室内馆进行的比赛。由于摆脱了室外气候的影响，再加上冰面添加了润滑剂，冰面的滑度提高，许多运动员创造出了一系列好成绩。据统计，在有 148 名男、女运动员参加的 10 个项目的比赛中，有 11 人 16 次打破了 7 项世界纪录，82 人 148 次打破了 9 项冬奥会纪录，100 余名运动员 300 余次打破了国家和地区纪录。一次赛会，打破这么多的纪录，这在冬奥会历史上是罕见的。从比赛上看，500 米和 1500 米的金牌分别被民主德国运动员乌韦–詹宁斯·梅伊和安德烈·霍夫曼获得。1980 年以来，民主德国的女子运动员虽然在冬奥会上多次获得速度滑冰的金牌，但男子还是第一次。5000 米和 10000 米的金牌则是由上届冬奥会 5000 米的金牌获得者、瑞典的托马斯·古斯塔夫松获得，他也成为本届冬奥会速度滑冰项目男子唯一获得 2 枚金牌的运动员。女子 500 米金牌的争夺在被誉为“冰上女飞人”的民主德国选手克丽斯塔同绰号“冰上闪电”的美国运动员邦妮·布莱尔之间展开，最后布莱尔依靠微弱的优势，获得了冠军。女子 3000 米比赛的冠军是荷兰选手伊冯娜；1000 米和 1500 米的金牌分别被克丽斯塔和伊冯娜获得。伊冯娜夺得了 1500 米、3000 米和 5000 米的冠军，成为本届冬奥会上获单项金牌最多的 2 名运动员之一。

花样滑冰的比赛在斯坦皮德公园滑冰馆进行，是冬奥史上参赛人数最多、实力最强、争夺最激烈的一次。苏联、美国、民主德国及加拿大队的水平接近。苏联运动员在冰上舞蹈和双人比赛中再次显示了优势，6 对选手获得 2 枚金牌、2 枚银牌及 2 个第 4 名。特别是叶卡捷琳娜 • 戈尔杰耶娃和谢尔盖 • 格林科夫，他们不仅使苏联第 7 次蝉联了这个项目的冠军，而且成为冬奥会第一对在规定和自选动作中赢得 9 个名次，列第 1 位的选手。男子单人的冠军则由美国的布赖恩 • 博伊塔诺获得，女子单人的金牌再次被维特夺得。

冬季两项，北欧的优势被民主德国、苏联及意大利等国家取代。在 4×7.5 公里接力赛中，苏联队以绝对的优势再次获得冠军，这是苏联运动员自 1968 年冬奥会以来，连续 6 次赢得这个项目的金牌。20 公里个人和 10 公里短距离的金牌均被民主德国选手弗兰克–彼得 • 勒奇夺得。在 20 公里比赛中，勒奇出发后滑得并不十分理想，在到达第一个射击靶位时，他的成绩仅列第 14 位，并且脱了一靶，被加罚 150 米。从这个时候开始，勒奇加快了步伐节奏，当进入第二个射击靶位时，他的名次已上升到第 7 位。在第三阶段，勒奇连续超越了捷克斯洛伐克的埃里克，苏联的谢尔盖 • 切皮科夫、尤里及意大利的约翰内斯 • 帕斯勒。临近终点时，勒奇以快速的冲刺超过了最后一个对手——苏联的瓦莱里，最终获得冠军。

越野滑雪的比赛是在卡尔加里西面 55 公里的坎莫尔北欧滑雪运动中心进行的，金牌的争夺仍在苏联和北欧的运动员之间展开。捷克斯洛伐克、瑞士及意大利等国进步虽然较快，但总体水平对苏联和北欧仍构不成威胁。男子 30 公里，苏联的弗拉基米尔 •萨赫诺夫出发后一直领先，但滑到 24 公里时蹬雪动作过猛，导致滑雪板破裂，影响了速度，在接近终点的时候，被另外一名苏联选手阿列克谢追上，萨赫诺夫居第 2 名。男子 50 公里，挪威运动员波尔 • 贡纳尔 • 米克尔斯普拉斯出发后一度领先，但从 46 公里开始，逐渐被苏联选手超过。最后，苏联运动员米哈伊尔 •杰维雅季亚罗夫获得冠军。苏联运动员在这次比赛中还夺回了上届冬奥会失去的女子 10 公里、20 公里及 4×5 公里接力 3 个项目的冠军。

高山滑雪比赛是在纳基斯卡进行的，金牌几乎全部被阿尔卑斯地区及其邻近国家的运动员获得。上届冬奥会获得 3 枚金牌的美国队，竟没有一人进入前 6 名。跳台滑雪 3 个项目的金牌全部被芬兰夺得，25 岁的马蒂–尼凯宁一人独得 3 枚金牌（包括团体），成为本届冬奥会唯一一名同时获得 K90（标准台）个人和 K120（大型台）个人 2 个不同台级金牌的运动员。

有着北欧两项悠久历史和优势的斯堪的纳维亚运动员纷纷被挤出了前 3 名。22 岁的瑞士选手希波莉特・肯普夫在个人赛中为瑞士赢得了第一枚北欧两项金牌。本届冬奥会第一次增设的团体赛金牌，则被联邦德国的运动员获得。由于气温变化，雪橇比赛场地一度融化，比赛不得不推迟进行。有人提出在赛会结束后进行，但没有取得国际奥委会的同意。在组织者的努力下，比赛终于在赛会结束前圆满完成。有舵雪橇双人座的金牌被苏联队获得，这是苏联运动员第一次登上这个项目的冠军领奖台。在四人座的比赛中，蝉联 3 届冠军的民主德国队被瑞士挤到了第 2 位。民主德国运动员虽然失去了有舵雪橇的冠军，但在无舵雪橇比赛中却夺得了所有项目的金牌，特别是女子项目，3 枚奖牌均被民主德国选手赢得。

本届冬奥会由于会期的延长，冰球比赛第一次在开幕的当日进行。获得本届冬奥会冰球比赛入场券的有奥地利、加拿大、捷克斯洛伐克、芬兰、法国、联邦德国、挪威、波兰、瑞典、瑞士、苏联及美国。比赛结果，芬兰队在 1～6 名的决赛中虽然以 2∶1 战胜了苏联队，但因平瑞典、输捷克斯洛伐克，积分少于苏联而名列第 2。这是芬兰冰球运动员自 1939 年参加世界锦标赛和 1952 年参加冬奥会至此，获得的唯一一枚银牌。

在 46 个项目的比赛中，亚洲仅有日本获得 1 枚铜牌，其余均为欧、美运动员获得。从获奖牌的国家和地区看，苏联仍居首位，其次是民主德国。本届冬奥会参加的国家和地区、人数、项目的增多及会期的延长，反映出冰雪运动越来越受到重视。同 4 年前相比，虽然发生了一些变化，但金牌之争仍限于欧洲和北美各国之间。

中国在这届赛会派出了由 15 名运动员组成的精干队伍，参加了速度滑冰、花样滑冰、越野滑雪这 3 个项目的比赛和短道速滑的表演赛，取得了较好的成绩。在短道速滑表演赛女子项目的比赛中，李琰获得 1000 米金牌和 500 米、1500 米铜牌，使中国的五星红旗首次在冬奥会赛场升起，随后 1000 余张“中国龙”的大幅宣传画便出现在卡尔加里的街头。速度滑冰比赛的成绩也有明显提高，张青和王晓燕在女子 3000 米和 5000 米比赛中，以 4 分 30 秒 19 和 7 分 46 秒 30 的成绩分别获得第 21 名和第 16 名，这是中国速滑运动员自 1980 年参加冬奥会以来，取得的最好名次。本届冬奥会，中国运动员最大的收获，就是看到了潜力，增强了他们在奥运会上取胜的信心，为我国实现冬奥会奖牌零的突破奠定了基础。

2.16 冬奥会比赛项目再增加，东道主收金揽银显风采

1992 年 2 月 8—23 日，第十六届奥林匹克冬季运动会在法国东部萨瓦省的阿尔贝维尔举行。阿尔贝维尔是萨瓦省北部的一个山区小镇，位于勃朗峰西南，夏蒙尼和格勒诺布尔（Grenoble）之间，在阿尔卑斯山脉中部格赖山的北面。此地地势连绵起伏，山地坡度适中，2 月平均气温在–3 摄氏度左右，雪量十分丰足，是理想的滑雪运动胜地。阿尔贝维尔就是依赖地理上的这种优越的条件，在同挪威的利勒哈默尔（Lillhammer）、德国的贝希特斯加登（Berchtesgaden）、意大利的科蒂纳丹佩佐、保加利亚的索非亚（Sofia）及瑞典的法伦（Falun）争办本届冬奥会主办权的过程中获得了成功。

第十六届冬奥会海报

本届冬奥会共有64个国家和地区的1801名运动员参加。有9个国家和地区首次派出了代表团：阿尔及利亚、百慕大、巴西、哥伦比亚、克罗地亚、洪都拉斯、爱尔兰、斯洛文尼亚及独联体。爱沙尼亚、拉脱维亚及立陶宛则是继1924年、1928年和1936年，再次以独立代表团的资格参加冬奥会。运动员人数最多的是东道主法国代表团，共派出了145名选手。苏联解体后，这次赛会以独联体的名义参加，并且派出了由294人组成的庞大队伍，其中运动员141人，这些运动员主要来自俄罗斯、白俄罗斯、乌克兰、哈萨克斯坦及乌兹别克斯坦。

比赛项目由上届冬奥会的6类、10大项、46小项，增加到12大项、57小项。新增设的项目有冬季两项中的女子7.5公里短距离和15公里个人、4×7.5公里接力、越野滑雪中的男子10公里和女子30公里、自由式滑雪男子和女子雪上技巧、短道速滑男子1000米和5000米接力，以及女子50米和3000米接力。同时还将冰上溜石、速度滑雪及自由式滑雪中的空中技巧列入了表演项目。

比赛分布于阿尔贝维尔及其东南1600余平方公里的扇形奥林匹克公园内的13个场馆进行，是冬奥会有史以来场地最分散的一次。本届冬奥会的比赛项目和参赛人数之多、规模之大，均超过了往届冬奥会。但是，在阿尔贝维尔冬奥会组委会出色的工作和精心的安排下，赛会举办得十分成功。国际奥委会主席萨马兰奇在赛后指出：“尽管我不能认为这次冬奥会是冬奥史上办得最好的一次，但它是出色的。”这次赛会共计接待了近百万的参观者。全世界有近 8 亿人通过电视转播收看了比赛实况。参加大会的工作人员达42万余人（包括8647名志愿者及9000余名警察和安保人员）；赛会的总耗资约40亿法郎（约8亿美元）；来自世界各地的5894名新闻记者（其中电视转播人员3623名）参加了现场采访。

本届冬奥会的开幕式于当地时间2月8日17时在能容纳3万人的阿尔贝维尔中心体育场举行。法国总统弗朗索瓦·密特朗和国际奥委会主席萨马兰奇出席了开幕式。主火炬由法国著名的足球明星米歇尔·普拉蒂尼和一位名叫西里尔·格朗热的男孩点燃，冬奥会还是首次将点燃圣火的荣誉授予夏季项目的运动员。火炬在希腊点燃，于 1991 年 12 月 4 日运抵巴黎，通过接力于 1992 年 2 月 4 日传递到阿尔贝维尔。开幕式上代表运动员和裁判员宣誓的是法国著名的花样滑冰运动员舒里亚 • 博纳利和高山滑雪裁判员皮埃尔 • 博尔纳。

速度滑冰在阿尔贝维尔中心滑冰场（露天）进行。在男子项目的比赛中，挪威的约翰内斯 • 奥拉夫 • 科斯和盖尔 • 卡尔斯塔德及荷兰的巴尔特，分别为自己的国家夺回了 12 年前失去的 1500 米、5000 米和 10000 米的冠军。500 米和 1000 米的金牌分别被上届冬奥会 500 米的金牌获得者、德国的乌韦–詹宁斯 • 梅伊和奥拉夫 • 青克夺得。女子项目的比赛中，美国的邦妮 • 布莱尔在夺得 500 米金牌之后，又摘取了 1000 米的冠军。其余 3 枚金牌均被德国选手获得，其中贡达获得 2 枚。

在首次被列为冬奥会正式项目的短道速滑比赛中，亚洲运动员显示出了较强的实力，夺得了 4 个项目中的 2 枚金牌、1 枚银牌和 3 枚铜牌，其中韩国最多，获 2 金、1 铜。花样滑冰除女子单人金牌被美国的克丽丝蒂 • 山口夺得外，其余 3 项的冠军均被独联体的选手获得。

高山滑雪自 1936 年被列为冬奥会项目以来，北欧运动员仅获得 3 枚金牌。在高山滑雪比赛中，奥地利和意大利选手虽然表现突出，各获得 3 项冠军，但在其他项目上却遇到了来自北欧的挑战。这次赛会，挪威的芬尼 • 克里斯蒂安 • 贾格思、谢蒂尔 • 安德烈 • 阿默特及瑞典的佩妮拉 • 维贝里分别获得男子回转、超大回转及女子大回转的 3 枚金牌。

在越野滑雪比赛中，男子项目的 10 公里、30 公里、15 公里、50 公里、4×10 公里接力的 5 枚金牌均被挪威夺得。女子成绩最好的是独联体，赢得了 10 公里、15 公里及 4×5 公里接力的 3 枚金牌。5 公里和 30 公里的冠军分别被芬兰的玛留特 • 卢卡里宁和意大利的斯特凡尼娅 • 贝尔蒙多夺得。

本届冬奥会跳台滑雪标准台和大型台的金牌分别被奥地利的恩斯特和芬兰的托尼 • 涅米宁夺得。团体冠军则再次由上届冬奥会的冠军芬兰队蝉联。

在北欧两项比赛中，个人金牌被出生于法国马诺斯克的法布里斯 • 居伊获得，这是法国运动员首次登上这个项目的冠军领奖台。在有 11 个代表队参加的团体赛中，日本运动员依赖跳台滑雪的优势，战胜了所有对手，为日本赢得了第 2 枚冬奥会金牌。

首次被列为冬奥会正式项目的自由式滑雪雪上技巧的男、女冠军分别被法国的埃德加·格罗斯皮龙和美国的唐娜·魏因布雷希特获得。在冬季两项的比赛中，男子 10 公里短距离的金牌被德国 21 岁的选手马克·基希纳获得。来自白俄罗斯明斯克的独联体运动员叶夫根尼·列季金则获得了 20 公里的个人冠军。在被首次列入冬奥会的女子项目比赛中，独联体队和德国队显示出了很强的实力，分别夺得 1 金、1 银、2 铜和 1 金、2 银。女子 3×7.5 公里接力的冠军被法国获得，这也是法国运动员在冬奥会冬季两项比赛中赢得的第一枚金牌。在男子 4×7.5 公里接力的比赛中，德国队、独联体队和瑞典队展开了激烈的争夺，最后德国队夺取了金牌。在无舵雪橇的比赛中，最引人注目的是来自奥地利因斯布鲁克的诺伊内尔姐妹，妹妹获得冠军，姐姐获得亚军。男子单人和双人的金牌被德国蝉联。

本届冬奥会获得冰球比赛入场券的 12 个队是独联体、加拿大、瑞典、捷克斯洛伐克、芬兰、美国、瑞士、德国、意大利、挪威、法国及波兰。比赛结果，金、银、铜牌分别被独联体、加拿大及捷克斯洛伐克获得。

由于德国的统一使其在本届冬奥会上的实力有所加强，以 10 枚金牌、10 枚银牌和 6 枚铜牌的成绩名列各代表团之首。解体后的苏联虽然在一些项目上仍保持着较大的优势，但总体水平有所下降，以 9 枚金牌、6 枚银牌和 8 枚铜牌名列第 2。挪威代表团以仅少于独联体代表团 3 枚铜牌的成绩位居第 3。首次获冬奥会比赛奖牌的国家和地区有中国、韩国、新西兰及卢森堡。

本届冬奥会上亚洲国家有了显著的进步，获得金牌 3 枚、银牌和铜牌各 6 枚。中国运动员第四次出征冬奥会，共有 34 名运动员分别参加了速度滑冰、短道速滑、花样滑冰、越野滑雪、高山滑雪及冬季两项 6 个大项的比赛。

2.17 利勒哈默尔之竞技盛会，萨拉热窝人之向往和平

第十七届奥林匹克冬季运动会于1994年2月12—27日在挪威的利勒哈默尔（Lillehammer）举行。利勒哈默尔位于奥斯陆以北，坐落在北纬60.08度的斯堪的纳维亚山脉南部洛根河的东岸，2月的平均气温为–9摄氏度，这是奥运史上纬度最高、气温最低的一次赛会。

第十七届冬奥会海报

冰雪运动在利勒哈默尔有着悠久的历史，早在1867年，利勒哈默尔就举行了首届滑雪运动会。良好的冬季运动设施和优美的自然环境，使这座仅有2.3万人口的小城成为挪威的冬季运动中心和旅游胜地。1986年国际奥委会决定将冬、夏奥运会分开，不在同一年度举行，这给利勒哈默尔申办本届冬奥会提供了契机。申办本届冬奥会的城市还有保加利亚的索非亚、瑞典的厄斯特松德（Östersund），以及美国的安克雷奇（Anchorage），最终利勒哈默尔拿下了举办权。本届冬奥会有67个国家和地区的1737名运动员（其中女子522名）参加。其中，首次参加冬奥会的国家和地区有亚美尼亚、白俄罗斯、波斯尼亚和黑塞哥维那、格鲁吉亚、以色列、哈萨克斯坦、吉尔吉斯斯坦、特立尼达和多巴哥、乌克兰、乌兹别克斯坦、斯洛伐克、摩

尔多瓦及俄罗斯。比赛项目共设 6 类、12 大项、61 小项。有约 120 万人亲临现场和约 10 亿人通过电视观看了比赛，是冬奥会有史以来参加比赛的国家和地区、人数、比赛项目及观看比赛人数最多的一次，有 9054 名志愿者参与了赛会的服务工作，6633 名新闻记者（其中电视转播人员 4018 名）进行了现场采访。

开幕式于当地时间 2 月 12 日 16 时在利勒哈默尔的奥林匹克公园举行，现场有来自世界各地的 4 万名观众。开幕式由 2 名主人和 6 名儿童组成的“家庭”主持。扮演男主人的是 80 岁高龄的世界著名的人类学家和海上探险家托尔·海尔达尔，女主人则由挪威著名的国际影星、作家、国际儿童基金会友好使者 56 岁的利芙·约翰内斯·乌尔曼扮演。国际奥委会主席萨马兰奇和挪威国王哈拉尔五世出席了开幕式。萨马兰奇在致辞中指出：“10 年前在萨拉热窝充满了理解、友谊与和平，而近两年，萨拉热窝人民却饱受战争的灾难。”他呼吁“停止战争，放下武器”，并号召所有朋友和全世界电视机前的观众为战火纷飞的萨拉热窝静默 1 分钟。火种是 1 月在希腊点燃的，途经芬兰、瑞典，行程 6500 余公里，于 2 月 12 日传递到利勒哈默尔。本届冬奥会还邀请了 12 个国家的 30 名著名冰雪运动员参加了火炬接力活动，其中包括中国优秀的速度滑冰运动员王秀丽，这是冬奥史上第一次有非主办国代表参与的火炬接力活动。本届冬奥会的火炬除希腊传递来的以外，还有一组是 1993 年 11 月在挪威南部山区摩耶达尔用古代击石取火的方式点燃的，并于 2 月 1 日传送到利勒哈默尔。当然，在开幕式上用于点燃主火炬的是来自雅典奥林匹亚村的圣火。挪威著名的越野滑雪运动员韦加尔德·于尔旺代表运动员宣誓，代表裁判员和赛会工作人员宣誓的是卡里·卡林。

就在这次赛会上，以约翰·奥拉夫·科斯等为首的挪威运动员及部分人士，自发地成立了奥林匹克援助基金会（AID），号召挪威人民向非洲、波黑地区及拉丁美洲人民伸出援助之手，救助那些饱受战争和疾病折磨的人。本届冬奥会最大的贡献是呼吁和平，推广“奥林匹克休战”。这一行动立即得到了挪威外交部、发展局、教会、红十字会及全体挪威人民的支持。科斯将自己在 5000 米比赛中获得的 22.5 万克朗捐给了基金会。为呼应科斯的义举，国际奥委会和挪威奥委会也决定捐赠相同数额的克朗。国际奥委会主席萨马兰奇还于 2 月 16 日亲自飞抵萨拉热窝，用实际行动呼吁全世界为早日促成停战而努力。本届冬奥会的组织者还在环境保护方面作出了积极的贡献，为避免环境污染，组委会第一次将圣火改用酒精燃烧，本次赛会被誉为“绿色的冰雪运动会”。

速度滑冰比赛在哈马尔镇米约萨湖畔新建的海盗船滑冰馆进行。浇冰用的是全欧洲最干净的米约萨湖深 100 米的地下水，因而冰质极好，冰面洁白光亮，为运动员创造优异成绩提供了良好的条件。女子 500 米和 1000 米的金牌再次被美国的邦妮・布莱尔夺得，这是布莱尔在冬奥会第三次赢得 500 米的冠军，从而成为冬奥史上在速度滑冰项目上第一位三连冠的运动员。

本届冬奥会花样滑冰比赛的一个明显特点是职业选手纷纷回归，如双人项目上俄罗斯的戈尔杰耶娃和格林科夫、冰上舞蹈项目上英国的托维尔和迪安、女子单人项目上德国的维特、男子单人项目上美国的博伊塔诺和乌克兰的彼得连科等。年轻选手的高难动作和老将们富于艺术性的表演，使本届冬奥会的花样滑冰比赛独具特色。除双人比赛中戈尔杰耶娃和格林科夫以自由滑和短节目两个第一、不可争议的优势夺得冠军外，其余 3 个项目的金牌均被年轻选手获得。特别是冰上舞蹈比赛中俄罗斯的奥莎娜・格里舒克和叶甫根尼・普拉托夫，以及女子单人比赛中乌克兰的奥莎娜・巴尤尔等充满青春活力的表演，给观众留下了深刻的印象。可以说，花样滑冰的古典表演已逐渐失去魅力，音乐的选择与动作的编排正在朝着更富有青春活力的方向发展。陈露在女子单人比赛中以流畅自如、舒展优美和高难度的三周半跳，为中国赢得了第 1 枚冬奥会花样滑冰奖牌。从此，中国冰上的 3 个项目全部进入了世界先进水平。

在利勒哈默尔以北 15 公里的胡塞斯科根（Huseskogen）滑雪场进行的有舵雪橇和无舵雪橇比赛，金牌分别被瑞士、德国和意大利运动员获得。美国为在本届赛会挽回失去 30 年的有舵雪橇的声誉，曾耗资 50 万美元，利用电子计算机技术，设计了一种新的雪橇。这种名叫博-丁（Bo-Dyn）的雪橇，底部采用滑动悬吊系统，旨在帮助运动员解决滑行中雪橇在弯道难以控制平衡的问题。雪橇头部外形设计成锥形，可进一步减小空气阻力。赛前经风速、重力及加速等指标测试，性能良好，但在比赛中没能取得预想的结果。赛后，新雪橇保留了原欧洲雪橇的优点，其余重新设计。

越野滑雪是挪威传统的优势项目，也是本届冬奥会挪威人民最关心的比赛。比赛的起点、终点均设在利勒哈默尔奥林匹克公园的山上。每场比赛都有数万名挪威观众助威，最多时竟达到 10 万人。男子项目除 50 公里和 4×10 公里接力赛的冠军分别被哈萨克斯坦运动员和意大利队获得外，其余 3 个项目的金牌均被挪威选手夺得。在 30 公里的比赛中，挪威运动员选用了一种特殊玻璃钢纤维制成的滑雪板，它的稳定性极好，能把能量最大限度地转换到速度上去。托马斯·阿尔斯高就是借助这种滑雪板的优良性能获得了男子 30 公里的冠军。女子 10 公里和 30 公里的金牌被意大利运动员玛努拉·迪·森塔夺得。俄罗斯运动员柳博夬·叶戈罗娃再次以其充沛的体力、丰富的经验及精湛的滑行技术，赢得女子 5 公里、15 公里及 4×5 公里接力的金牌，成为至此冬奥史上唯一一位荣获 6 枚金牌和 3 枚银牌的女运动员。在女子 5 公里的比赛中，被誉为“铁娘子”的芬兰运动员基尔韦斯涅米的出场引起了观众的兴趣，这位 38 岁 6 次参加冬奥会的老将第 47 个出发，在到达 1.9 公里处时仅比叶戈罗娃慢 6 秒 4，排在第 6 位，这为她夺得奖牌奠定了基础，最终她以 14 分 36 秒的成绩位列第 3 名，成为冬奥史上至此获得奖牌年龄最大的女运动员（此前是芬兰运动员埃维·胡图宁，1922 年 8 月 23 日出生，在 1960 年的冬奥会上获速度滑冰女子 3000 米的铜牌）。

冬季两项起源于欧洲，长期以来，各种比赛的冠军一直被欧洲运动员垄断。冬季两项女子 7.5 公里短距离和 15 公里个人冠军均被加拿大的米丽娅姆·贝达德摘得，这是北美运动员第一次登上冬季两项冠军的领奖台。1992 年，当冬季两项女子项目第一次被纳入冬奥会时，贝达德就以获得 1 枚铜牌而被载入奥运史册。男子项目的优势仍由俄罗斯和德国保持。俄罗斯虽然没能夺回上届冬奥会失去的 4×7.5 公里接力的冠军，但囊括了个人项目所有的 2 枚金牌和女子接力的冠军。

自由式滑雪在利勒哈默尔的坎特霍根（Kanthaugen）滑雪场进行。在男子雪上技巧比赛中，加拿大运动员让–吕克·布拉萨德的回旋动作轻盈、快捷，富有攻击性，空中动作高而新颖，使 5 位回转动作质量裁判员中的 4 人给出了 5 分的最高分，2 位空中动作质量裁判员均给了 6.85 分（最高分为 7

分），最后以回转、空中动作和计时 3 项成绩 27.24 分的总分获得冠军。冬奥会空中技巧女子的第 1 枚金牌被乌兹别克斯坦的里纳・切里亚佐娃摘得。切里亚佐娃的空中动作和着陆虽然并不十分理想，但选择的动作难度很高，使她的得分遥遥领先，为夺得冠军奠定了基础。在男子空中技巧的比赛中，瑞士的安德烈亚斯・舍恩巴赫勒所完成动作的难度系数虽然不比其他选手高，但其空中动作和着陆却十分出色，以 234.67 分的总成绩获得冠军。

在本届冬奥会的高山滑雪比赛中，阿尔卑斯地区的运动员遇到了来自北欧和北美的挑战。在男子滑降比赛中，美国的托马斯・莫伊以 0.04 秒微弱的优势战胜了赛前夺标呼声最高的挪威选手谢蒂尔・奥默特，加拿大运动员埃德・波迪温斯基获铜牌。阿尔卑斯地区的选手在这个项目上第一次被挤出前 3 名。女子超大回转比赛，美国的迪安・罗夫第 1 个出发，最初成绩并不理想，到达第一间歇计时区时仅列第 19 位，不久她的速度加快，到第二间歇计时区时已跃居第 4 位，最后她以 1 分 22 秒 15 的成绩，为美国赢得了这个项目的第 1 枚金牌。其余 8 枚金牌，德国获得 3 枚，瑞士、瑞典、意大利、挪威、奥地利各 1 枚。

跳台滑雪比赛在利勒哈默尔的吕斯戈兹巴–凯讷滑雪场进行。在大型台 K120 的个人比赛中，挪威运动员埃斯彭・布雷德森在第一轮借助风力跳出了 135.5 米的好成绩，空中姿势优美，着陆也很稳定，以 144.4 分的成绩遥遥领先。德国著名的运动员延斯・魏斯弗洛格表现十分突出，第一轮便使用了苦练已久的技术，跳起后身体在空中几乎与滑雪板形成一条直线，两只滑雪板组成了一个优美的“V”字形，5 名裁判员中有 4 名打出了 19 分的高分，最后其以 274.50 分的总成绩获得了这个项目的冠军。在团体比赛中，魏斯弗洛格在本队落后的情况下，跳出了 135.5 米的最好成绩，为德国队赢得了本届冬奥会跳台滑雪的第 2 枚金牌。跳台滑雪起源于挪威，曾一度是挪威在冬奥会上的优势项目，但自 1968 年以来，挪威运动员在冬奥会上仅获得 1 枚银牌。这次赛会，挪威的跳台滑雪运动员终于以 1 枚金牌、2 枚银牌挽回了自己的声誉。北欧两项的比赛中，日本再次夺得团体冠军，个人金牌则被挪威的弗雷德・博雷・伦德伯格摘得。

在本届冬奥会的冰球比赛中，俄罗斯运动员第一次被挤出了奖牌行列。

各队水平十分接近，争夺更为激烈。参赛的 12 支球队，没有一支队伍能保持不败。特别是瑞典队同加拿大队的决赛，经过 60 分钟的比赛和 10 分钟的加时赛后，双方的比分仍为 2∶2，最后不得不通过任意球决定胜负（相当于足球的点球）。结果，瑞典队以任意球射中多于加拿大，获得冠军。这是瑞典冰球运动员 1924 年参加冬奥会以来获得的第 1 枚金牌。苏联解体后，大批冰球运动员外流，影响了俄罗斯队的实力。本届赛会，俄罗斯队除主教练维克托·吉洪诺夫以外，所有队员均是第一次参加冬奥会。据统计，俄罗斯有 200 余名优秀的冰球运动员分布于北美、芬兰、德国、瑞典及瑞士。

本届冬奥会，俄罗斯代表团以 11 枚金牌、8 枚银牌和 4 枚铜牌的成绩名列各代表团之首。其次是东道主挪威代表团，共获金牌 10 枚、银牌 11 枚、铜牌 5 枚。从这届冬奥会可以看出，冰雪运动在世界范围内获得了进一步的发展，获奖牌的国家和地区由上届冬奥会的 21 个增加到 22 个，运动员进入前 8 名的国家和地区也由上届冬奥会的 28 个增加到 30 个。特别是亚洲的国家和地区，共获得了 7 枚金牌、6 枚银牌和 5 枚铜牌，是 1932 年至此亚洲运动员在冬奥会获得金牌和奖牌最多的一次。

中国运动员在这届冬奥会上也取得了可喜的成绩，虽然银牌数少于上届冬奥会，但冰上项目已获得全面突破，陈露获得铜牌，标志着中国花样滑冰女子单人已进入世界先进水平。这次赛会，中国共有 7 名运动员进入前 8 名，尤其是叶乔波带伤参赛，以 1 枚铜牌为自己的运动生涯画上了圆满的句号。

2.18　札幌之后长野再办冬奥，跨域之爱向往美好未来

第十八届奥林匹克冬季运动会于 1998 年 2 月 7—22 日在日本长野举行。这是继 1972 年札幌之后第二次在日本举行冬奥盛会。

长野是日本开展滑雪运动和开发滑雪场的先驱，1912 年便修建了日本第一座滑雪场，该年滑雪在长野野泽温泉得到开展。长野县距离东京较近，滑雪场及缆车的数量居日本首位。优美的自然环境和良好的滑雪运动设施，

吸引了众多滑雪爱好者，每年到长野滑雪的人数多达 800 余万。1989 年长野向国际奥委会提交了申办 1998 年冬奥会的报告，1991 年 7 月在英国伯明翰召开的国际奥委会会议上获得通过。与长野同时申办本届冬奥会的城市还有意大利的奥斯特（Oster）、西班牙的哈卡（Haka）、美国的盐湖城（Salt Lake City）及瑞典的厄斯特松德（Östersund）。

第十八届冬奥会海报

本届冬奥会共有来自 72 个国家和地区的 2176 名运动员（其中女运动员 788 名），参加了 7 类、14 大项、68 小项的比赛。新增加的项目有冰上溜石、单板滑雪及女子冰球。本届冬奥会无论是参赛的国家和地区、运动员人数，还是比赛项目，均超出了往届冬奥会。

开幕式于 1998 年 2 月 7 日在长野市南长野体育公园的竞技场举行。当地时间 11 时（北京时间 10 时），善光寺内响起了洪亮的钟声，日本明仁天皇庄严地宣布第十八届冬奥会开幕，容纳 5 万余名观众的竞技场内立即响起了雷鸣般的掌声。出席开幕式的除日本明仁天皇夫妇、内阁总理、众参两院院长及外交和文部等省的大臣外，还有来自 25 个国家和地区的 39 位政界要员，其中包括卢森堡、波兰、斯洛伐克、西班牙等国家的元首。点燃主火炬的是日本著名的花样滑冰运动员伊藤绿。火炬的火种于 1997 年 12 月 23 日经飞机传递到雅典，然后到达东京。12 月 27 日至 30 日在银座地区展出，12 月 31 日至 1998 年 1 月 4 日在代代木（Yoyogi）运动公园展出。1998 年

1月4日从北海道的札幌市、冲绳的那霸市和九州的鹿儿岛县分3路出发，经过日本的47个都、道、县、府，以及长野县的17个市、36个镇和67个村，于当地时间2月7日17时同时抵达长野市，并在长野市中心广场举行了汇合仪式。参加火炬接力的人数达7000，其中既有运动员、影视明星，也有社会知名人士和儿童，年龄最小的只有7岁。日本著名的北欧两项运动员荻原健司和花样滑冰裁判员平松纯子分别代表运动员和裁判员宣誓。

本届冬奥会确立的“爱意参与”的宗旨和关爱下一代、尊重大自然、实现和平与友好的三个目标，再一次表达了人们对奥林匹克理想和美好未来的向往，让爱跨越地域、跨越国境，不分民族和宗教信仰，共同消除战争，消除饥饿和贫困。

速度滑冰比赛在长野市东部6公里的滑冰馆进行。该馆是日本第一座400米标准双跑道的封闭式滑冰馆，也是当时世界上最大的室内速度滑冰馆之一，可容纳1万名观众。该馆1994年3月24日动工，1996年11月20日交付使用，总投资337亿日元。场馆设计独特，外形犹如日本阿尔卑斯的波峰，屋顶代表海的波浪，同时也寓意着世界接受了长野。本届冬奥会速度滑冰最引人注目的是“时利波”冰刀和硅条的应用，这两种高科技产品都是由荷兰人发明的，当然最先受益的也是荷兰人。荷兰是世界速度滑冰运动的强国，从20世纪60年代开始，荷兰运动员在冬奥会速度滑冰比赛中几乎每届都会获得1枚以上的金牌，最多的一届（1972年）曾获得4枚。然而进入90年代后，这种优势逐渐减弱。于是，荷兰人在加强科学训练的同时，将重点放到了滑冰器具的研制和开发上。这个决策使荷兰运动员在本届奥运会再一次脱颖而出，连续获得男子1000米、5000米、10000米和女子1000米、1500米的5枚金牌，并刷新了3项世界纪录和5项冬奥会纪录。男子500米的金牌被日本运动员清水宏保摘得，成绩是71.35分，这是日本也是亚洲运动员在冬奥会上获得的第1枚速度滑冰金牌。在女子500米的比赛中，卡特里奥娜·莱姆·多恩以76.60分的成绩为加拿大赢得了首枚冬奥会女子速度滑冰金牌。2月20日，速度滑冰最后一项女子5000米的比赛将本届冬奥会速度滑冰的比赛推向了高潮。当第7组的贡达·尼曼-斯特内曼出场的时候，观众的目光一齐投向了这位刚刚获得女子3000米金牌的德国名将。

出发后，她一直保持高速的滑行，当她到达终点的时候，电子计时器显示的成绩是 6 分 59 秒 65，这不仅使她成为世界上第一个突破女子 5000 米 7 分钟大关的运动员，而且刷新了 4 年前由她自己创造的世界纪录。然而仅仅过了 10 分钟，这项新的世界纪录又被她的同伴克劳迪娅·佩希施泰因刷新，成绩是 6 分 59 秒 61。

短跑道速度滑冰和花样滑冰的比赛在长野市东南 6 公里的白环（White Ring）滑冰馆进行。该馆因有光滑的水滴状的弧形屋顶而得名，其设计还显示了花样滑冰的优美姿势。白环滑冰馆于 1993 年 9 月 22 日动工，1996 年 3 月 29 日交付使用，可容纳观众 15 万人。主馆旁边还建有一座训练馆，两个馆的总投资为 148 亿日元。短道速滑金牌的争夺在加拿大、中国、韩国和日本之间展开。先是男子 1000 米，中国名将李佳军和韩国运动员金东圣同时到达终点，就在冲线的一瞬间，金东圣突然将右脚冰刀向前伸出，以一刀的优势夺得金牌。在女子 3000 米接力的比赛中，中国派出了杨扬、杨阳、王春露、孙丹丹 4 位名将。韩国出场的则是全利卿、元惠敬、安相美和金润美。比赛开始后，中国队一路领先，但在最后一棒的交接中由于位置不当，被韩国队超过，中国队再次失去金牌。在接下来女子 500 米的比赛中，中国的杨阳和王春露双双进入决赛，对手是加拿大的伊莎贝尔·查雷斯特和安妮·佩罗。发令枪响后，王春露几步便抢到了前面，杨阳被外道的查雷斯特的冰刀碰了一下，稳住身体后，已失去了夺取金牌的机会。王春露一路领先，但又突然被企图超越的查雷斯特撞倒，佩罗趁机滑到前面，中国队又一次失去金牌。这不能不说是一场遗憾的比赛，评论一致认为是不完善的规则损害了中国运动员的利益。女子 1000 米及男子 500 米、5000 米接力的金牌分别被韩国的全利卿、日本的西谷孝文和加拿大队获得。

俄罗斯在花样滑冰的比赛中再次显示出优势，如上届冬奥会一样，连续摘取了女子双人、男子单人和冰上舞蹈的 3 枚金牌。女子单人的金牌和银牌分别被美国运动员塔拉·利平斯基和关颖珊获得，中国运动员陈露获得铜牌。陈露在短节目比赛中名列第 4，但在自由滑比赛中却以 5 个三周跳的高难动作和优美的表演征服了裁判员，为中国赢得了第 2 枚冬奥会花样滑冰铜牌。

最受人们关注和金牌分量最重的冰球比赛在长野市被称为大帽子的冰球馆和水翼冰球馆进行。大帽子冰球馆又称 A 馆，坐落在长野市东南郊 1.5 公里处，于 1993 年 3 月 3 日动工，1995 年 3 月 31 日交付使用，耗资 204 亿日元，可容纳观众 10104 人。该馆的设计高度较低，以同周围的风景融为一体的曲面屋顶表示围绕该市的山脉。为表达举办本届冬奥会的长野像一朵向 21 世纪开放的花，设计者特将其外形设计成一顶帽子。水翼冰球馆又称 B 馆，位于长野市东北约 5 公里的东和田（Higashi Wada），于 1995 年 10 月 12 日动工，1997 年 9 月 30 日交付使用，耗资 84 亿日元，可容纳观众 6078 人。该馆流线型的设计表达了长野市清洁及其特有的柔和的微风，可伸缩的屋顶和“V”字形支撑则表示了长野的活力和冰球运动的残酷。本届冬奥会冰球比赛最大的特点是向职业运动员和女子冰球运动员敞开了大门。参加本届冬奥会男子冰球比赛的加拿大队和美国队均由国家冰球联盟的职业球员组成，包括超级球星韦恩・格雷茨基、埃里克・林德罗斯、布伦丹・沙纳汉、迈克・里希特等。参赛的俄罗斯、捷克、瑞典及芬兰等队内也有大批选手在国家冰球联盟效力，其比例分别为 87%、60.9%、73.9%、65.2%。统计表明，参赛的 12 个队的 276 名运动员中，职业运动员占了 44.6%。职业运动员的加入，对扩大冰球运动的影响，促进冰球运动的发展，提高冰球的运动技术水平有积极的作用。比赛开始后，加拿大队一路披荆斩棘，先分别以 3∶2 和 4∶1 战胜了瑞典队和美国队，又分别以 5∶0 和 4∶1 淘汰了白俄罗斯队和哈萨克斯坦队，但在争夺决赛权的比赛中，却以 1∶2 输给了捷克队。加拿大队和捷克队的比赛，是本届冬奥会男子冰球比赛中最激烈和最精彩的一场，当比赛结束的钟声响起时，场上的比分是 1∶1。于是，又进行了 10 分钟的加时赛。结果双方都没能射进决胜的一球，最后不得不采用任意球决定胜负。双方各派出 5 名最好的射手，这对守门员无疑是最大的考验。防守加拿大队球门的是来自国家冰球联盟蒙特利尔队的 1 号守门员帕特里克・罗伊，防守捷克队球门的是 1983 年就在国家冰球联盟效力的多米尼克・哈塞克。第 1 对出场的 2 名运动员的射球均被对方守门员挡出，接着是第 2 对、第 3 对、第 4 对，直至加拿大队第 5 名运动员的任意球结束，电子屏幕显示的比分仍然是 1∶1，这时场上只剩下捷克队在国家冰球联盟纽约“岛民”队效力的罗伯特·赖赫尔，不知是罗伊紧张，还是赖赫尔射门巧妙，只见他逼近罗伊后突然切向右侧，将罗伊的注意力吸引过去，然后从左侧轻轻地将球挑入球门，捷克队以 2∶1 淘汰了加拿大队。赛后，人们谈论最多的不是赖赫尔巧妙的射门，而是哈塞克炉火纯青的守门技术。决赛中，捷克队打得同样非常艰苦，直至比赛临近结束，借助在国家冰球联盟费城“飞人”队效力的彼得·斯沃博达关键的一记快射，才以 1∶0 战胜了俄罗斯队，为捷克队赢得了第 1 枚冬奥会冰球比赛的金牌。

参加女子冰球比赛的有加拿大、美国、芬兰、中国、瑞典、日本 6 个队。加拿大队是历届世界女子冰球锦标赛的冠军，美国队则是历届亚军。比赛采用单循环，正如赛前人们预料的一样，决赛在加拿大队和美国队之间展开。比赛开始 3 分钟，加拿大的洛丽·迪普伊首先射中 1 球，在第 1 局比赛临近结束时，美国队将比分扳平。第 2 局双方均没能破门。第 3 局开始，加拿大队在 5 分钟的时间里连续射中 3 球，胜利的天平似乎在向加拿大队倾斜，然而从第 47 分钟开始，局面发生了变化，美国队连续射中 6 个球，赢得了冬奥会女子冰球的第 1 枚金牌。中国队在比赛中表现得十分顽强，以 6∶1 战胜了日本队，接着又以 3∶1 战胜了有着悠久冰球运动史的瑞典队，获得了第 4 名。

第一次被纳入冬奥会正式比赛项目的冰上溜石在长野县东部轻井泽的冰上溜石馆进行。轻井泽海拔 934 米，2 月的平均气温为–2.8 摄氏度，平均降雪量为 7 毫米。冰上溜石馆建在距轻井泽 7 公里盐泽湖（Shiozawa）南的长仓（Nagakura）公园内，是一座综合性体育馆，冬季可进行冰球、花样滑冰和冰上溜石比赛，夏季可进行球类和体操活动。参加比赛的 8 个队既有来自冰上溜石故乡的英国队，也有来自以开展冰上溜石运动而闻名的加拿大队，还有实力强劲的瑞典队、挪威队、瑞士队和美国队。女子比赛的金牌如同赛前人们预料的一样，被加拿大队夺得，银牌则被从未进入世界前 3 名的丹麦队拿走，这也是丹麦队自 1948 年参加冬奥会以来获得的第 1 枚冬奥会奖牌。男子比赛中，曾 28 次赢得世界冠军的加拿大队在决赛中出人意料地输给了瑞士队，获得银牌，铜牌被挪威队拿下。

冬季两项的比赛原定在白马村举行，后因发现该地有苍鹰及其他猛禽，为不打扰这些鸟类的栖息，1994 年 2 月经国际奥委会执委会议批准，改在长野县北部的野泽温泉村进行。

野泽温泉村坐落在上信越高原国家公园内，是日本提倡滑雪和修建滑雪场最早的地区。1950 年当地安装了第一条滑雪索道，1976 年开放，海拔 1650 米的鬼无山上建有 9 个滑雪场，是日本最大的滑雪村，每年约接待 110 万名滑雪爱好者。冬季两项的比赛场地修建在鬼无山海拔 620 米处，2 月的平均气温为–1.3 摄氏度，平均降雪量为 146 毫米。在场地修建过程中，为保护环境，设计者充分利用了原有的越野滑雪场地，将砍伐的树木数量降到最低限；同时，动员儿童少年用松柏修筑鸟巢，并在雪道建成后将移走的表土移回原处。本届冬奥会冬季两项的比赛格局发生了较大变化，苏联解体后，俄罗斯实力明显被削弱，特别是随着挪威、白俄罗斯、乌克兰、保加利亚等一些国家的崛起，俄罗斯不仅失去了女子 4×7.5 公里接力的金牌，而且男子 10 公里短距离和 20 公里个人的金牌也被挪威运动员拿走，仅获得 1 枚女子 7.5 公里短距离的金牌、1 枚女子 4×7.5 公里接力的银牌及男子 4×7.5 公里接力的铜牌。保加利亚运动员叶卡捷琳娜·达夫斯卡在女子 15 公里个人赛中以 54 分 52 秒的成绩，为保加利亚赢得了第 1 枚冬奥会金牌。男子和女子 4×7.5 公里接力的金牌均被德国运动员获得。

越野滑雪在长野市东 37 公里的神城滑雪场（Snow Harp）进行。1992 年 8 月在对该地进行环境评估时发现，这里有《华盛顿协定》中保护的苍鹰栖息，遵循“自然优先”的宗旨，组委会决定将原设计的 4 条 5 公里线路减少到 3 条。该滑雪场 1994 年 8 月动工，1997 年 3 月交付使用，耗资 54 亿日元，起点（终点）设有大看台，可容纳观众 2 万人。3 条 5 公里长的雪道连在一起，每滑完一个 5 公里都要经过主场地的大看台，这使观众能更多地欣赏到激动人心的比赛场面。在本届冬奥会越野滑雪的女子项目中，俄罗斯运动员仍占绝对优势，她们囊括了所有 5 个项目的金牌，特别是拉里莎·拉祖蒂娜，她一个人就夺得 3 枚金牌、1 枚银牌和 1 枚铜牌，成为本届赛会获奖牌最多的运动员。男子项目的 5 枚金牌则由北欧运动员获得，其中挪威 4 枚，芬兰 1 枚。被誉为“越野滑雪运动天才”的挪威运动员比约恩·杜里赢得了3枚金牌和1枚银牌，连同1992年和1994年的5枚金牌和3枚银牌，他在冬奥会上共夺得8枚金牌、4枚银牌，至此成为冬奥史上获金牌和奖牌最多的运动员。

跳台滑雪在白马村的北白马(Kitashiro)跳台滑雪场进行。该滑雪场1990年动工，1992年11月交付使用。内设一座大型台（K120）和一座标准台（K90）。独特的角塔设计使垂直升降机和出发塔连接在一起，从而大大缩短了输送的时间和距离。该场可容纳4.5万名观众，总投资86亿日元。在修建过程中，设计者同样注意环境保护：施工结束后将1万余株阔叶松栽种到被砍伐的地方。跳台滑雪最先进行的是团体赛，由船木和喜、原田雅彦、齐藤浩哉和冈部孝信组成的日本队同上届冬奥会的冠军德国队展开了激烈的争夺。第一跳时原田雅彦由于紧张仅跳出79米，第二轮日本队充分发挥出水平，4名运动员均跳出了124米以上的好成绩，原田雅彦则达到137米，最后以933分的总成绩为日本赢得了第7枚冬奥会金牌，这也是日本在奥运会上获得的第100枚金牌。接下来是标准台的比赛，第一轮结束后船木和喜名列第1，第二跳时芬兰运动员耶尼斯·索伊尼宁发挥出色，将船木和喜甩到了后面。在大型台的比赛中，船木和喜以绝对的优势为日本赢得了本届冬奥会跳台滑雪的第2枚金牌。

北欧两项在北白马跳台滑雪场和神城越野滑雪场进行。斯堪的纳维亚半岛的运动员再次显示出他们在这个项目上的优势，2枚金牌均被挪威运动员摘得，银牌则由芬兰运动员包揽。

高山滑雪的比赛在山内镇志贺高原的东馆山、烧额山及白马村的尾根滑雪区进行。东馆山和烧额山的海拔较高（分别为1990米和1870米），天气比较寒冷，平均降雪量分别为223毫米和250毫米，这两个滑雪区主要进行大回转和回转的比赛，每个滑雪区均可容纳2万名观众。大回转比赛的男子线路总长1487米（女子1329米），垂直落差439米；回转比赛的男子线路总长607米（女子530米），垂直落差220米。超大回转和滑降在白马村的尾根滑雪场进行，该滑雪区位于海拔3000余米的日本北阿尔卑斯陡峭的山脚下，这里的长坡、有挑战性的雪道和高质量的雪，每年都会吸引约260万名滑雪爱好者，是日本符合国际滑雪联合会标准的少数滑雪区之一。超大回转的男子线路总长 2423 米，垂直落差 650 米（女子 587 米）。滑降的男子线路总长 2923 米（女子 2654 米），垂直落差 840 米（女子 781 米）。高山滑雪的比赛由于天气原因，屡屡被迫拖延。在男子项目的比赛中，大回转、超大回转和全能的金牌均被奥地利运动员摘取。女子项目除大回转和超大回转的金牌分别被意大利和美国运动员摘走外，其余 3 枚金牌均被德国运动员夺得。泥瓦匠出身的赫尔曼·迈尔，终于用大回转证明了自己在高山滑雪项目上的天赋。男子滑降由于前一天的雨夹雪，线路十分光滑，被形容为本次比赛的“鬼门关”，约有 50%的选手中途“翻车”，结果金牌被法国运动员让–卢克·克雷泰尔夺得。

长野冬奥会的组织者对赛会宗旨、主题、目标的确定和歌曲、吉祥物的选择，以及信息系统、电信系统、天气预报系统、交通指挥系统、场馆建设、文化活动、公共事务、接待、保安、医疗服务、开幕式、闭幕式等均做了精心的考虑和安排，因此本届奥运会被誉为一次坚持和发扬奥林匹克精神、弘扬爱与参与、倡导人类与自然共存、推进和平与友好、展示人类文化和最新科学技术的盛会。此外，本届冬奥会的规模超过以往任何一届冬奥会。人们在盛赞此届冬奥会的同时，也为其造价感到惊叹。根据组委会公布的资料，本次赛会共耗资 13360 亿日元（99.62 亿美元），其中用于赛会 1030 亿日元（7.68 亿美元），兴建场馆 1036 亿日元（7.73 亿美元），修建新干线 8420 亿日元（62.78 亿美元），修建高速公路 2873 亿日元（21.42 亿美元）。随着冬奥会规模的不断扩大，造价也会越来越高，无疑，这也会给主办国财政的支出带来越来越大的压力。

2.19 盐湖城中齐聚各方精英，悲伤过后演绎精彩盛会

2002 年 2 月 8—24 日第十九届奥林匹克冬季运动会于美国西部的山城盐湖城举行，这是历届冬奥会举办地中海拔最高的一个。盐湖城 2 月的气候比较稳定，气温较高，雪量充足。

第十九届冬奥会海报

本届冬奥会的比赛项目共 7 类、15 大项、78 小项。新增项目有短道速滑男子和女子 1500 米、冬季两项男子 12.5 公里和女子 10 公里追逐、越野滑雪男子和女子近距离、北欧两项短距离、有座雪橇女子 2 座，以及男子和女子卧式雪橇。有 77 个国家和地区的奥委会派出了代表团，其中第一次参加冬奥会的国家和地区有中国香港、尼泊尔、塔吉克斯坦和泰国，参赛运动员的人数也由上届的 2177 增加到了 2399。早在 1988 年，盐湖城就向国际奥委会提出了申办冬奥会的报告，在 1992 年竞选第十八届冬奥会落选后，盐湖城市政当局和市民并没有放弃，最终成功迎来了本次赛会。

本届冬奥会是在“9・11”事件后举行的，8 名运动员托举着从世贸大厦的废墟中挖出来的残破的美国国旗入场，成为冬奥史上开幕式特有的内容。美国人无法忘记“9・11”事件带来的巨大伤痛。开幕式上匆匆回顾了一下冬奥会的历史后，那面曾在世贸大厦上方飘扬的破损不堪的美国国旗就在 18 名美国警察、消防员和运动员的护卫下进入场内，本来充满欢乐的体育场内顿时安静得令人压抑。

东道主当然不会让来自全世界的参赛者久久地沉浸在那份沉痛之中，随着美国国歌由低缓而激越，全场很快就恢复到了一个大型体育盛会开幕式所应有的快乐氛围。开幕式的主创者别出心裁，没有按照惯例把开幕式分成仪式和表演两部分。一台表现美国西部开发、民族融合等主题的名为“点燃心中之火”的文艺表演与冬奥会固有的程序交融成一个整体。应国际奥委会主席罗格之邀，专程前来的美国总统布什宣布盐湖城冬奥会开幕。罗格在开幕式上致辞，他说："奥运冠军不一定属于最先通过终点的运动员，冠军应该属于那些尊重比赛规则、反对使用兴奋剂、超越自我的人，这意味着所有的参赛运动员不管最终排位如何都能成为冠军。"罗格在致辞中表示，我们和正在努力摆脱"9·11"事件阴影的美国人民站在一起，为推进世界和平共同努力。

冬奥会历史上规模最大、盛况空前的第十九届盐湖城冬奥会于当地时间2月8日19时（北京时间9日10时）在盐湖城的赖斯–埃克尔斯奥林匹克体育场举行，共有77个国家和地区的2500多名运动员参加本届盛会，这一数字刷新了冬奥会历史，中国代表团有65名成员出席了开幕式。整个开幕式的表演与奥运火炬在盐湖城内的传递仪式及开幕礼仪交错进行。

本届冬奥会的花样滑冰比赛先开始的是双人项目。在短节目比赛中，加拿大运动员虽然获得了高于俄罗斯运动员的表演分，但由于规定动作分较低，排在了第2位。在自由滑的比赛中，加拿大运动员获得了较高的技术水平分，但俄罗斯运动员的表演分远远超过加拿大运动员，最后以338分的总成绩获得了金牌。加拿大代表团认为法国裁判员玛丽·赖奈·勒古涅评分不公，向大会提出申诉，美国媒体也纷纷发表评论，最后国际滑冰联盟经调查决定，取消该场比赛5号裁判员勒古涅的评分，宣布加拿大同俄罗斯并列花样滑冰的双人冠军。并列第1，这在冬奥会和世界花样滑冰史上是首次。中国运动员赵宏博和申雪发挥稳定，为中国夺得了第1枚花样滑冰双人滑的冬奥会金牌。男子单人滑金牌的争夺在两位俄罗斯运动员之间展开。在短节目比赛中，耶夫杰尼·普鲁申科出现失误，规定动作分仅获得5.4分，阿列克塞·亚古丁则获得5.8分。自由滑时两个人都完成了2个四周跳，特别是亚古丁表演的受尽屈辱和折磨的铁面人忍辱负重挣脱铁面束缚，为自己和国家复仇的故事，表情生动，情绪变化分明，情节线索清楚，4名裁判员打出了6分的表演分满分，5名裁判员给了5.9分，以绝对优势摘取了金牌。在冰上舞蹈比赛中，俄罗斯连续保持了4届的金牌被上届冬奥会的铜牌获得者法国的玛丽娜·阿尼西娜和格温达尔·佩泽拉夺得，而俄罗斯运动员获得银牌。意大利运动员首次挤进了冬奥会花样滑冰的前3名。冰上舞蹈比赛结束后，立陶宛代表团又向国际滑冰联盟提出申诉，理由是裁判员有意对立陶宛运动员压分。在女子单人短节目比赛中，上届冬奥会的银牌获得者美国的关颖珊以轻盈的舞姿、娴熟的技术和丰富的艺术表现力，压倒了俄罗斯名将伊琳娜·斯鲁茨卡娅。但进入自由滑以后，场面发生了戏剧性的变化，关颖珊完成的 2 个三周跳，一次摔倒，一次双脚落地，最后仅获铜牌。斯鲁茨卡娅由于表演分扣分较多而获得银牌。在短节目比赛中仅名列第 4 的美国小将莎拉·修斯则以 2 个出色的三周跳接三周跳的组合，获得了 7 个 5.8 和 2 个 5.7 的技术水平高分，最终获得了这个项目的金牌。女子单人滑的比赛结束后，俄罗斯代表团又围绕裁判问题向国际滑冰联盟提出了抗议。这是本届冬奥会花样滑冰继双人、冰上舞蹈之后，在裁判问题上出现的第三次争议。

冰球比赛在 E 中心（E Center）和皮克斯（Pix）冰球馆进行。E 中心冰球馆海拔 1210 米，建于 1997 年，可容纳 8500 名观众。皮克斯冰球馆海拔 1240 米，1997 年 9 月动工，1999 年 10 月 1 日交付使用，可容纳 8000 名观众。本届冬奥会男子冰球的比赛由上届冬奥会的 12 个队扩大到 14 个队。322 名运动员中来自国家冰球联盟的职业冰球运动员有 139 名，占参赛运动员人数的 43.2%。其中加拿大和美国队的国家冰球联盟球员占 100%，捷克占 87%，芬兰占 87%，俄罗斯占 96%，瑞典占 87%，斯洛伐克占 52.2%，乌克兰占 30.4%。14 个队的 322 名运动员中在本国俱乐部注册的仅有 81 人。冰球运动的职业化，在促进运动技术提高的同时，也使运动员的运动寿命得到了延长。据统计，322 名运动员的平均年龄为 30.7 岁，最大的是在底特律“红翼”队效力的俄罗斯运动员伊戈尔·拉廖诺夫，他出生于 1960 年 12 月 3 日。平均年龄最大的是美国队，为 32.6 岁。本届冬奥会担任加拿大队负责人的是已退役的北美超级冰球明星韦恩·格雷茨基。分组赛时加拿大队打得并不出色，特别是复赛，先以 2∶5 输给瑞典队，又以 3∶3 同捷克队战平。进入交叉赛后，加拿大队的运动员紧紧地把握住了机会，相继以 2∶1 和 7∶1 淘汰了芬兰队和白俄罗斯队，取得了决赛权。同加拿大队相比，美国队则比较顺利，复赛分别以 6∶0 和 8∶1 战胜芬兰队和白俄罗斯队，以 2∶2 逼和俄罗斯队，交叉赛又相继淘汰了德国队和俄罗斯队。美国队同俄罗斯队的最后一场比赛，吸引了众多美国球迷，有 2200 余万人通过电视观看了实况转播，收视率达到 23.9%，创造了自 1980 年普莱西德湖冬奥会以来冰球比赛电视收视率的纪录。2 月 24 日，第十九届冬奥会最后一枚金牌的争夺在加拿大队和美国队两个北美冰球队之间展开。比赛开始后，双方频频发动进攻，8 分 49 秒时美国队率先射中 1 球。6 分钟后加拿大队的 9 号保尔·卡里亚将比分扳平，接着杰罗迈·伊金拉又射中 1 球，以 2∶1 结束了第 1 局。第 2 局开始后，双方均加强了防守，当比赛进行到 35 分 30 秒时，美国队的后卫布里安·拉法尔斯基抓住一次插上的机会将比分追平成 2∶2。从第 38 分钟开始，加拿大队逐渐控制住了局面，连续射进 3 球，终于以 5∶2 战胜了最后一个对手，拿回失去了整整 50 年的冬奥会金牌。

冰上溜石在海拔 1460 米的奥格处冰场的冰上溜石馆进行。该馆建于韦伯州立大学的校园内，可容纳 2000 名观众。参赛队由上届冬奥会的 8 个增加到了 10 个。男子比赛中上届冬奥会的前 3 名瑞士队、加拿大队和挪威队都进入了半决赛。在争夺决赛权的交叉赛中，加拿大队以 6∶4 淘汰了瑞典队，挪威队则以 7∶6 战胜了上届冬奥会的金牌获得者瑞士队，为夺取金牌扫清了道路。参加决赛的挪威队和加拿大队的发挥都很出色，直到比赛进行到第 11 局，挪威队才以微弱的优势战胜了加拿大队，获得了挪威队冰上溜石史上的第 1 枚冬奥会金牌。女子比赛的争夺同样十分激烈，首次参加冬奥会冰上溜石比赛的瑞士女队获得银牌，上届冬奥会的金牌获得者、有着近百年冰上溜石运动史、12 次荣获世界冰上溜石女子冠军的加拿大队获得铜牌。预赛阶段上届冬奥会的银牌获得者丹麦队和铜牌获得者瑞典队均被挤出前 4 名。决赛阶段，来自冰上溜石运动故乡的英国队先以 6∶5 淘汰了加拿大队，接着又以 4∶3 战胜了瑞士队，终于登上了冬奥会的金牌领奖台。

本届冬奥会上国际奥委会还加大了对兴奋剂查处的力度。赛前，参赛国家和地区的运动员接受了反兴奋剂检查，24 名选手因违反规定被关到了冬奥会大门的外面。比赛期间，国际奥委会又将达贝泊汀列入了违禁药物；有 3 名因服用该药物的运动员被取消了名次，其中包括 3 枚金牌和 2 枚银牌的获得者，1 名运动员因不接受药检，连同教练员和医生一同被驱逐出了冬奥会。冬奥会结束 22 个月后，又有 2 名运动员获得的 3 枚金牌和 1 枚银牌被追回。2002 年 4 月 30 日，国际滑冰联盟召开听证会，经过 2 天的听证，对法国花样滑冰裁判员勒古涅作出了禁止裁判工作 3 年的处罚，并不得参加 2006 年都灵冬奥会的执裁工作。同该事件有牵连的法国滑冰协会主席盖格哈特也受到了同样的处罚。所有这些，都反映出国际奥委会及其所辖各国际冬季运动组织为纯洁奥林匹克人类精神文明领域这片神圣的领土而作出的努力和决心。

冬季运动同大自然有着紧密的联系。本届冬奥会也是一次造价昂贵的赛会，总耗资达 16.36 亿美元，其中 4.13 亿美元用于 11 个场馆建设，安全费达 3.83 亿美元，各项准备费用达 8.4 亿美元。本届冬奥会在筹备和比赛过程中，将环境保护和减少污染放到了重要的位置。这次赛会的收入创造了历史最高，据组委会公布，来自赞助商和广告商的收入达 8.6 亿美元，是 1980 年普莱西德湖冬奥会 3000 万美元的 28 倍、亚特兰大奥运会 4.48 亿美元的 2 倍；门票收入达 1.8 亿美元，出让本届奥运会标志使用权获 2500 万美元。当然，本次赛会对美国商贸、交通、旅游、服务等行业的发展带来的益处也是巨大的。

2.20 都灵冬奥尽显激情燃烧，格利内韦诉说冰雪奇缘

2006 年 2 月 10—26 日第二十届奥林匹克冬季运动会于意大利都灵（Turin）举办。都灵冬奥会的口号是“激情在这里燃烧”（Passion lives here），吉祥物内韦（Neve）和格利兹（Gliz）分别象征着雪和冰。来自 80 个国家和地区的 2508 名运动员（其中女子运动员 960 名）参加了 7 类、15 大项、84 小项的比赛。本届冬季奥运会是继 1956 年科蒂纳丹佩佐冬季奥运会后意大利第二次举办冬季奥运会。1999 年 6 月 19 日，在韩国首尔举行的国际奥林匹克委员会第 109 次会议上，都灵以 53∶36 的票数击败瑞士锡永（Sion）取得第二十届冬季奥运会的主办权。会议前原本媒体纷纷看好锡永，因为国际奥委会就位于瑞士，但最终都灵凭借 17 票的优势胜出。

第二十届冬奥会海报

点火仪式在距离古希腊竞技场不远的赫拉神庙举行，遗憾的是太阳神阿波罗并没有听到女祭司夏尔库的祈祷，当天希腊古奥林匹亚镇的上空阴云密布，根本无法用聚光镜采集火种。无奈之下，第一次担任祭司重任的舞台表演和电视两栖明星夏尔库只好使用周六彩排中保存下来的火种。这是自 1936 年奥运会开始在希腊采集火种以来，第四次受阴雨所累而使用“备份”火种。北京时间 2005 年 11 月 27 日晚，2006 年都灵冬奥会圣火在希腊古奥林匹亚镇被点燃，圣洁的火光驱散了天空的阴郁，火炬接力之路悄然开启。夏尔库和其他 17 名女祭司一起，护送着置于古希腊容器中的圣火来到现代奥运之父顾拜旦的墓前，身着白色和橘色相间运动衣的第一位火炬手——年仅 19 岁的希腊撑杆跳高运动员菲利普迪斯已经等候在那里。经过隆重的仪式，夏尔库用圣火点燃了菲利普迪斯手中的火炬，2006 年冬奥会火炬接力就此开始。在随后的日子里，圣火从希腊一路燃到意大利，最后抵达主办城市都灵的奥运主会场。

本届冬奥会的火炬兼具古典和现代之美，火炬高 77 厘米、直径 10.5 厘米、重 1.85 公斤，完全由高科技材料制成，外表运用了覆盖隔热涂料的铝材，内部则是高科技的钢铜合金。圣火通过火炬顶部的 13 个孔冒出，被精准地控制在 10 厘米的高度以下。外形貌似传统的木火把，但是它的流线造型又极富现代感。都灵冬奥会的火炬传递需要圣火被点燃后在希腊境内进行历时 10 天、全程 2006 公里的接力，直到 12 月 7 日空运至罗马。届时意大利总统将在奎利纳尔广场亲手点燃在意大利土地上燃烧的第一支冬奥会火炬，交给雅典奥运会马拉松冠军斯蒂凡诺·巴尔蒂尼。然后，圣火从罗马传至南部的西西里岛，再辗转返回北部，2006 年 2 月 10 日，圣火抵达冬奥会主办城市都灵，途经 140 多个城市，历程 11300 公里。来自世界各地的体育、商业和文化界知名人士汇聚一堂，他们中间有意大利最伟大的体操运动员切奇、足球明星托蒂、一级方程式赛车手特鲁利，也有世界著名的时装设计师阿玛尼，还有新任罗马教皇本笃十六世。

2006 年都灵冬奥会的圣火还将途经两个前冬奥会举办城市——科蒂纳丹佩佐和法国的阿尔贝维尔。1 月 26 日，火炬到达 1956 年冬奥会所在地科蒂纳丹佩佐，半个世纪之后，当地人民终于迎来了与圣火的第二次亲密接触。2 月 6 日，1992 年冬奥会之城法国的阿尔贝维尔也再次看到了圣火之光。

2006 年意大利都灵冬季奥运会的吉祥物是内韦和格利兹。吉祥物于 2005 年 9 月 28 日正式公布，由葡萄牙设计师佩德罗·阿尔布开克设计。内韦的形象是一个身着红色服装的小女孩，长着一个圆圆的脑袋，形状宛如雪球；格利兹是一个身穿蓝色服装的小男孩，长着一个方脑袋，形状宛如小方冰块，它们象征着冬季奥运会项目中不可缺少的两种元素——雪和冰。

都灵冬奥会的奖牌为圆形，中间有一块圆形镂空，这个设计成功地把都灵冬奥会的独特魅力展现了出来，奖牌的形状正好体现了意大利最负盛名的标志性形象——广场。中间镂空的奖牌就像一枚奥林匹克戒指，一枚象征着胜利的戒指，中间空着的一块还象征着我们的胸膛，胸膛下跳动的心脏和生命展示了对奥运会的热情。挂着奖牌的丝带也不是直接连在奖牌的顶部，而是穿过中间的圆洞，随意而优雅地系在奖牌上。奖牌的正面是冬奥会的图案，反面刻着运动箴言。为了突出此次冬奥会的三个中心口号，制作奖牌时使用了有光泽并且光滑的材料，中间部分的圆洞磨得相当细致。

共有 80 个国家和地区的代表团参加了 2006 年都灵冬奥会，中国获 2 金、4 银、5 铜——尽管金牌与上届冬奥会持平，但 11 枚奖牌已经创造了历史。在之前所参加的 7 届冬奥会上，中国冰雪军团累计夺得 22 枚奖牌，其中收获最多的是4年前在美国盐湖城举行的第十九届冬奥会。

在2006年都灵冬季奥运会的冰雪项目中，论水平和成绩，中国一直是“雪不如冰”。本届赛会，由于韩晓鹏在自由式滑雪男子空中技巧项目上一鸣惊人，夺得金牌，此不平衡状况已经开始发生变化。自由式滑雪是中国雪上项目准备已久的突破口。早在1998年的长野冬奥会，徐囡囡就夺得了女子空中技巧的银牌，改变了中国雪上项目在冬奥会与奖牌不搭界的尴尬。此番在都灵，中国“四朵金花”全部跻身空中技巧前12名，李妮娜、徐囡囡、郭心心分别获得第2名、第4名和第6名，显示出了强大的整体优势。

男子空中技巧，中国以往的最好成绩也只是第17名。本届冬奥会，韩晓鹏、邱森同时闯进决赛，前者还在资格赛和决赛中均位居首位，无可争议地领回金牌。这不仅是亚洲选手首次问鼎自由式滑雪的金牌，也是中国男子冰雪健儿首次在冬奥会上占得鳌头。

上届盐湖城冬奥会，中国仅参加了冬季两项、越野滑雪和自由式滑雪这3个雪上项目的17个小项的争夺。都灵冬奥会，除了上述三个大项外，中国健儿还出现在高山滑雪、跳台滑雪、单板滑雪赛场，涉足的雪上大项首次增加到6个，小项则猛增至27个。而且，中国雪上项目的参赛人数还首次超过了冰上项目。都灵冬奥会的84个单项中，雪上项目占三分之二，中国大幅度增加雪上项目的参赛规模，显示出了我们全面进军冬奥会的初衷和姿态。

中国在本届都灵冬奥会与上届盐湖城冬奥会均参加的单项共15个。若加以比较就会发现，本届有三分之二项目的成绩变得更好了。其中，冬季两项可比较的有7个单项，4项成绩好于上届冬奥会。男子10公里个人项目，过去的最好名次只有第41名，这次，23岁的张成烨位居第18。女子10公里个人赛，上届冬奥会中国选手最好的排名为第44名，本届冬奥会28岁的刘显英名列第9。如果能够提高我国运动员的射击水平，该项的名次还会有较大幅度的提高。女子12.5公里集体出发是本届冬奥会冬季两项新设立的单项，刘显英位居第7，前6名皆为欧洲选手。这已是中国在本届冬奥会冬季两项中取得的最好名次。越野滑雪比赛中，中国表现最突出的是22岁的王春丽。她在女子10公里和20公里的个人项目比赛中，分别位居第18和第21，均创中国历史最佳水平。

上届冬奥会，杨扬夺得了女子短道速滑的2枚金牌，打破了冬奥会历史上中国金牌为零的僵局。都灵冬奥会，中国共派出34名选手参加了冰上项目的3个大项、22个小项的争夺。虽然只有王濛收获了金牌，但比较都灵与盐湖城两届冬奥会均参加的17个冰上项目，除1项名次持平外，本届冬奥会中国选手有10项成绩优于上届冬奥会。

中国速滑项目未能实现大量金牌的目标，但整体实力的提升却有目共睹。在都灵，中国15名冰上健儿参加了11个项目的比赛，以上届和本届冬奥会共同参加的全部7个项目相比较，本届冬奥会各项的成绩都有不同程度的提高。女子最值得一提的还是500米项目，因为王曼丽、任慧分别取得了该项目的第2名、第3名。1992年第十六届冬奥会上，叶乔波曾夺得女子速滑500米的银牌，可独得同一项目的2枚奖牌，对中国速滑而言还属首次。自1998年第十八届冬奥会起，500米速滑改为以两次滑行的总成绩排定名次，难度增加。王曼丽的银牌还是实行新规之后，中国运动员首次获得的500米速滑奖牌。男子速滑，中国表现最好的还是500米项目。21岁的于凤桐位居第2名，也是继1994年第十七届冬奥会刘洪波所获该项第4名之后，中国男子速滑的最好表现。

本届赛会花样滑冰的3个项目中，中国选手表现最抢眼的是双人滑。上届冬奥会，申雪、赵宏博夺得铜牌，这既是此前该单项中国选手的最好成绩，也是中国花样滑冰在冬奥会历史上的最好成绩之一。本届冬奥会，中国派出张丹/张昊、申雪/赵宏博、庞清/佟健这3对选手出战双人滑比赛，结果依次包揽第2名到第4名，这在冬奥会史上并不多见。短道速滑历来是中国夺金的重点，这次的金牌、奖牌数均未能超越上届冬奥会，8个参赛项目中有5项较上届冬奥会名次下降，仅男子1000米、女子1500米的成绩优于上届冬奥会。与夏季奥运会相比，冬奥会夺冠者的年龄相对偏大。然而，中国都灵冬奥会的金牌得主王濛、韩晓鹏的年龄却分别只有20岁和22岁，称得上大器早成。

王濛虽然是首次参加冬奥会，却已“久经沙场”，近2年在短道速滑女子500米项目上几乎战无不胜。本届冬奥会，她又获得500米冠军、1000米亚军、1500米季军，是中国军团唯一获3枚奖牌的人。上届冬奥会，韩晓鹏在自由式滑雪男子空中技巧的30名参赛者中仅居第24位，而且从未在世界性比赛中获得金牌。本届冬奥会，他从资格赛到决赛"一黑到底"，最终夺金，表现出超乎其年龄的难得的心理素质，这对于一名高水平选手是最宝贵的。

单板滑雪是一个新兴项目，1998 年才进入冬奥会。中国开展该项目的时间很短，能有两人获得冬奥会"入场券"已经非常不易。中国选手首次参加冬奥会单板滑雪女子U型槽的角逐，两名参赛者为17岁的潘蕾、不足15岁的孙志峰。潘蕾2005年曾获得世界大学生冬运会亚军；孙志峰是都灵冬奥会年龄最小的参赛者，曾经练过武术，但她的动作难度已经赶上了世界一流选手。她们的资格赛分别排在第28名、第31名，未能挤进决赛，但还是有着较高的起点。U型槽项目很适合以灵巧见长的中国选手，随着时间的推移，该项目完全有可能成为中国在冬奥会上一个新的夺金点。

2.21 温哥华聚群英海阔天空，惠斯勒创特色留名千古

加拿大共有3个城市有意申办本届冬奥会，其中，卡尔加里曾主办过1988年冬奥会，魁北克（Quebec）则曾申办过2002年冬奥会。经过两轮国内的投票筛选，温哥华（Vancouver）获得了代表加拿大申办本届赛会的资格。此外，除中国的哈尔滨外，还有安道尔的安道尔城（Andorra）、瑞士的伯尔尼（Berne）、西班牙的哈卡（Haka）、奥地利的萨尔茨堡（Salzburg）、韩国的平昌（Pyeongchang）和波黑的萨拉热窝（Sarajevo）也在申办之列，但最终只有温哥华、平昌和萨尔茨堡获准进行正式申办。最终第二十一届奥林匹克冬季运动会于2010年1月12—28日在温哥华举行。本届冬奥会有来自82个国家和地区的2566名运动员参赛，设置了7大项、15分项、86小项比赛，是历届冬奥会设项最多的一次。

第二十一届冬奥会海报

从加拿大的基本国情、经济实力和基础设施建设来看，这些均能够为冬奥会的举办提供强大的硬件支持和软件支持。温哥华是加拿大的重点建设城市，有着得天独厚的地理条件，拥有 4 座世界闻名的雪场。其中，惠斯勒（Whistler）山滑雪场距离温哥华市区仅两小时车程，修建于 20 世纪 70 年代，共计 100 条雪道，堪称加拿大之最，能够满足不同层次滑雪者的需求，特别是 25 条专业滑雪赛道，能够为冬奥会的举办提供强有力的支持。

2009 年 10 月 22 日在希腊奥林匹亚点燃本届冬奥会圣火，火炬随后跨越北极点，被送至加拿大，10 月 30 日开始在加拿大传递。火炬传递全程约 45000 公里，历时 106 天，成为历届奥运会历史上在一个国家内路线最长的一次传递。参加火炬传递的约有 12000 人，其中包括阿诺德・施瓦辛格、史蒂夫・约翰・纳什、沙妮娅・特维因、冰球巨星西德尼・克罗斯比和韦恩・格雷茨基等社会名流。

本届冬奥会的口号是“从海洋到天空的比赛”。温哥华冬奥会和冬季残奥会组委会 2007 年 11 月 27 日在温哥华附近的素里市举行了吉祥物发布仪式，来自当地 8 所小学的 800 多名学生见证了这一激动人心的时刻。2010 年温哥华冬季奥运会的吉祥物是根据温哥华所在的不列颠哥伦比亚省的神话传说所创作的 3 个卡通形象，由温哥华米奥米设计公司设计。米加（Miga）的形象来自逆戟鲸与百灵熊，出自北太平洋印第安茨姆锡安（Tsimshian）人的民间传说——它喜欢冲浪，因此爱屋及乌地喜欢上了滑雪；魁特奇

（Quatchi）是一个北美大脚野人，这是北美西北山区传说中的怪兽，它因为爱好冰球而与米加结伴踏上了前往温哥华的旅程。冬季残奥会的吉祥物是一个名叫苏米（Sumi）的精灵，它被设定为一个动物守护神，有着雷鸟之翼与黑熊之足，头上戴帽子的形象也来自逆戟鲸。在故事情节里，它展开双翼带着米加和魁特奇到达温哥华。

这届冬奥会会徽的主体为五块矩形组成的张开双臂的抽象人形，下方是"Vancouver 2010"的字样和奥运五环。会徽主体形象的设计灵感来源于加拿大北部因纽特人的巨型石刻，这些被雕刻并叠放成人形的巨石常被用作路标和纪念物。人形的主体形象被命名为伊拉纳克，在因纽特语中意为"朋友"。伊拉纳克的头部为绿色，双臂为深蓝色，躯干为天蓝色，双腿分别为红色和金色。温哥华奥组委表示，绿色、深蓝色与天蓝色分别代表温哥华沿海地区的森林、山区与群岛，红色是加拿大的国家标志枫叶的颜色，金色代表温哥华的夕阳胜景，这五种颜色也与奥运五环的颜色相同。温哥华奥组委首席执行官表示，整个人形体现了"友谊、热情、力量、视野和团队精神"。

本届冬奥会的火炬为银白色，采用流线型设计，火炬中央镶嵌着冬奥会会徽，象征着加拿大的冰雪天气和滑雪板，火炬通风口为红色枫叶状。火炬传送的主要工具为加拿大空军运输机，运输路线由希腊到维多利亚，代表加拿大传统文化的民族酋长和长老全程陪同，表明主办国对传统文化的传承，并使其走向世界。温哥华冬奥会的奖牌使用了波浪式的设计模型，将加拿大的地势特点与奖牌紧密结合。奖牌的主图案来源于民族风情名画，冬奥会的所有奖牌构成了一幅完整的图画，表达了奥林匹克团结世界各国人民的整体精神。

加拿大代表团在本届冬奥会上表现出色，不仅以 14 枚金牌的成绩高居金牌榜首位，成为继挪威在 1952 年奥斯陆冬奥会之后第二个占据金牌榜首位的冬奥会东道主国家，展现了其冰雪强国的实力，还创造了单届冬奥会上一个国家获金牌数的最高纪录。加拿大此前举办的两届奥运会（1976 年蒙特利尔奥运会和 1988 年卡尔加里冬奥会）上本国选手都未能获得金牌，本届赛会也是健儿们首次在本土获得奥运会金牌。中国代表团在本届冬奥会上获得 5 枚金牌、4 枚银牌和 2 枚铜牌，11 枚奖牌的成绩平了 2006 年都灵冬奥会时的最高纪录，而金牌数则创造了历史最高。

温哥华冬奥会的举办也给温哥华及加拿大带来了丰厚的社会遗产，其中包含加拿大原住文化的传播、奥林匹克价值观的弘扬、社会包容度的提高、对弱势群体的关注及志愿服务精神的传播等。这些因冬奥会的举办而产生的社会遗产，虽然多数属于意识层面，但温哥华对这些社会遗产的利用并非仅停留在对思想和精神的简单传播上，而是通过丰富的活动和各类实践，把这些意识化的社会遗产落实到具体层面，使得意识化的社会遗产得以永久存在。例如，在温哥华地区生活着许多加拿大原住民族，因此，温哥华冬奥会中也融入了许多民族元素。随着冬奥会的举办，当地的原住文化和冬奥会一同被传播到了世界各地。冬奥会结束后，当地原住团体在惠斯勒建造了永久性的斯阔米什–里沃尔土著文化中心，并借此向世界传播土著文化。

已经是第四次参加冬奥会的花样滑冰双人滑搭档申雪/赵宏博 2007 年曾宣布退役，并结为伉俪。但为了一圆冬奥会夺金梦想，他们于 2009—2010 赛季强势复出，展示出了更为纯熟的技艺。在本届冬奥会上，他们最终如愿夺冠，并创造了世界纪录。在短道速滑项目上，中国女队包揽了全部 4 个单项的金牌。其中，王濛不仅成功卫冕 500 米冠军，还夺得了 1000 米和 3000 米接力的金牌。她因此成为中国迄今获得冬奥会金牌（4 枚）和奖牌（6 枚）最多的运动员，以及第 1 位在单届冬奥会获得 3 枚金牌的中国运动员。

2010 年温哥华冬奥会在可持续发展管理方面的出色贡献，被世界关注，举办地之一的惠斯勒所形成的可持续发展体系，就是一个利用冬奥会推动举办地可持续发展的成功典范。惠斯勒距温哥华 125 公里，是世界知名的冬季滑雪胜地，也是温哥华 2010 年冬奥会的举办地之一。在温哥华冬奥会成功举办后，惠斯勒为全世界所知，在“世界顶级度假胜地”的评选中，长期高居“山地度假胜地”的榜首。值得指出的是，惠斯勒度假区在冬奥会结束后的年产值达到 13 亿加元，旅游收入占到全省旅游总收入的 22.5%，成为该省旅游提速的主要引擎，实现了具有冬奥特色小镇的可持续发展。

2.22 索契冬奥点燃竞技激情，魅力风情唤醒拼搏之魂

2006 年 6 月 22 日，国际奥委会执行委员会举行会议，确定了第二十二届冬奥会 3 个城市的最终候选资格，它们是俄罗斯的索契（Sochi）、奥地利的萨尔茨堡和韩国的平昌。2007 年 7 月 4 日下午，在危地马拉的首都危地马拉城举行的国际奥委会第 119 次会议上，俄罗斯的索契战胜韩国的平昌，获得了 2014 年冬季奥林匹克运动会的举办权。国际奥委会公布了两轮投票的票数情况，第一轮投票：索契 34 票，萨尔茨堡 25 票，平昌 36 票；第二轮投票：索契 51 票，平昌 47 票。索契以 4 票的优势获得冬奥会举办权。这是俄罗斯继举办 1980 年的莫斯科奥运会之后第二次举办奥运会，也是该国首次举办冬季奥运会。

第二十二届冬奥会海报

俄罗斯的索契地处黑海东部，位于俄罗斯首都莫斯科以南大约 1500 公里，是俄罗斯首屈一指的海滨疗养地。2009 年 12 月 1 日，俄罗斯 2014 年索契冬奥会组委会主席德米特里·切尔内申科在莫斯科举行的新闻发布会上向公众展示了索契冬季奥林匹克运动会的会徽。切尔内申科指出，奥运会会徽还没有完全设计好，还会有变动和增补。会徽用俄罗斯国旗上的颜色绘制，会徽上写着俄罗斯索契冬季奥运会（sochi.ru），下方是奥运五

环和 2014 年的标记，上面还有“通向未来之路”（Gateway to the Future）的口号。会徽是由国际品牌集团（Interbrand）和奥组委成立的专家委员会联合设计的。

2010 年 9 月 1 日，索契冬奥会组委会在全俄范围内启动吉祥物征集活动。在首阶段 3 个月的征集活动结束后，评审委员会从所收到的逾 2.4 万份设计方案中评选出 11 份作为索契冬奥会吉祥物的候选。这 11 种方案分别是雪豹、太阳、雪花、兔子、海豚、圣诞老人、套娃等，经过俄罗斯全国电视直播的全民投票，手持滑板的雪豹、脖系绿色围巾的白熊和酷爱唱歌与跳舞的兔子分别以 28%、18%和 16%的得票率位列前三名，索契冬奥会组委会决定，将选择人气最高的前三个候选吉祥物作为最终方案。俄罗斯总理普京此前也表达过他本人对雪豹的喜爱，他说：“雪豹非常强壮，行动迅速，是力与美的结合。”雪豹是世界上最为稀有且濒危的猫科动物之一，目前在俄罗斯境内只生活在远东滨海边疆区的乌苏里斯克等地区。

2014 年索契冬奥会的一大亮点——菲施特奥林匹克体育场（Fisht Olympic Stadium），将成为当地一个长期可持续性的赛后建筑。菲施特奥林匹克体育场倾斜的外观对应了它地处海岸线又背靠大山的特点，夜晚点灯后将成为一座色彩斑斓的场馆，显示出冬奥会的魅力。菲施特奥林匹克体育场位于索契奥林匹克广场，多层台阶引导观众前进，并通向墩座。光滑的扶壁上架起了索契奥林匹克体育场的屋顶。透明的外墙既显露出了内部构件，也能作为观看山脉和海洋的景观走廊。屋顶边角的弯曲和墩座形成了动态的对比关系。在冬奥会开幕式、闭幕式及颁奖仪式上，体育场的座椅可从 2.5 万个增加到 4.5 万个，并且符合国际足联的比赛要求。拱形体育场的侧翼是平台，中间是连续的碗状结构。菲施特奥林匹克体育场的外部采用透明全玻璃结构，这一设计灵感来源于体育场所处的地理位置及多山的背景。

波尔肖冰宫是国际冰球联合会（IIHF）经营设施的一部分，包括波尔肖冰宫的冰球竞技场和训练场。波尔肖冰宫在奥运会结束后，将作为一个超现代的、世界级的多用途运动和娱乐中心。波尔肖冰宫是本届冬奥会最大的奥运场馆之一，在举办索契冬奥会期间，这里将容纳 12000 名观众。

波尔肖冰宫冰球中心的设施非常完善，包括冰上皇宫大剧院、马里冰宫和训练场。

根据波尔肖冰宫冰球中心的设计，这里将承担冬奥会的冰球比赛和冬残奥会的冰爬犁曲棍球比赛。波尔肖冰宫冰球中心是一个可移动的场地，因此奥运会后有可能被拆除运输至俄罗斯的其他城市。波尔肖冰宫的简称很形象准确地描绘了修建该运动场的目的，因为俄罗斯人喜欢在运动场为运动员加油，体现了俄罗斯人在冬季运动上热情奔放的性格。

2014 年索契冬奥会的开幕式在索契奥林匹克公园菲施特奥林匹克体育场举行。但是，开幕式上出现了令人尴尬的失误，在雪绒花“绽放”成奥运会五环的环节中，其中一朵未“绽放”。随着楚科奇半岛在银幕中隐去，大片雪花忽然而至。三片巨大的雪花从场馆北边飞来，与两片由南边而至的雪花在正中央不期而遇，身穿白色皮毛、金色装饰的俄罗斯各族男女在暮霭中走了出来，他们仰望星空，似乎在等待重大时刻的到来。

没错，那就是雪绒花的“绽放”，但令人尴尬的是，五朵雪绒花仅“绽放”了四朵，不得不说，在开幕式上没能看到五环紧扣的场景的确是一个不小的遗憾。英国广播公司的解说吐槽道：“至少我们伦敦奥运会的时候五环是正常的。”中国中央电视台解说员张斌也直言这一幕不完美，只能称得上是另类五环。

2014 年索契冬季奥运会有来自 87 个国家和地区约 2873 名运动员参加，设置了 15 大项、98 小项。15 大项分别是冰球（2 金）、冰壶（2 金）、速度滑冰（12 金）、短道速滑（8 金）、花样滑冰（5 金）、有舵雪橇（3 金）、无舵雪橇（4 金）、钢架雪车（2 金）、冬季两项（11 金）、北欧两项（3 金）、高山滑雪（10 金）、越野滑雪（12 金）、自由式滑雪（10 金）、跳台滑雪（4 金）和单板滑雪（12 金）。在小项中，女子跳台滑雪、冬季两项混合接力、花样滑冰团体赛、雪橇接力、男子 U 型槽双板滑雪及女子 U 型槽双板滑雪这 6 个项目成为索契冬奥会的正式比赛项目。

中国派出了由 139 人组成的代表团参赛，66 名选手将参加 4 大项、9 分项、49 小项的比赛。自 1980 年中国参加冬奥会以来，在 9 届比赛中共夺得 9 枚金牌、18 枚银牌和 17 枚铜牌。在 4 年前的温哥华冬奥会上，中国代表团以 5 金、2 银、4 铜的成绩排第 7 名，首次进入奖牌榜前 8 名。

从俄罗斯参加的历届冬奥会成绩分布来看，现代两项、花样滑冰、冰球、速度滑冰是俄罗斯的传统优势项目，这些项目都是争夺金牌、奖牌的重点。在索契冬奥会上，除了这些优势项目为俄罗斯夺取金牌和奖牌榜的第 1 名立下了汗马功劳之外，短道速滑的 3 枚金牌更是实现了俄罗斯队短道速滑历史性的突破。虽然短道速滑的 3 枚金牌有 2 枚是维克多•安在个人项目上获得的，有 1 枚也是维克多•安参加集体项目（1500 米接力）获得的，但是，从形式上看，俄罗斯冬季项目的夺金点正在变多，短道速滑成了俄罗斯冬季项目的新生力量。

我国代表团在索契冬奥会上共获得了 3 枚金牌、4 枚银牌、2 枚铜牌，位列金牌榜的第 12 名，奖牌榜的第 11 名。从金牌及奖牌的构成来看，短道速滑获得了 2 金、3 银，占获奖牌总数的 66.7%，占据了中国所获得奖牌的大半壁江山，短道速滑也成了中国队名副其实的优势项目和重点项目。速度滑冰的男子项目取得长足进步，我国选手分别获得了短道速滑 1500 米、500 米的银牌，以及 5000 米的铜牌；男子冰壶进入四强，创造了历史。虽然中国队在本届冬奥会的一些项目上取得了长足进步，但是在 15 个大项中，夺金点主要集中在短道速滑和速度滑冰 2 个大项上，有 87%的项目不具备夺金实力。

2.23 十年磨一剑终不负平昌，公平与正义却自在人心

第二十三届冬季奥林匹克运动会于 2018 年 2 月 9—25 日在韩国平昌举行，简称“平昌冬奥会”，这是韩国历史上第一次举办冬季奥运会。来自 92 个国家和地区的 2914 名选手参加了本届冬奥会的比赛。平昌冬奥会设置了 7 大项、102 小项。该届冬奥会的开、闭幕式及大部分的雪上运动在平昌进行，所有冰上运动在江陵，高山滑雪、滑降比赛则在旌善进行。

第二十三届冬奥会海报

2011 年是韩国平昌征战冬奥会主办权的第十个年头。2003 年败给加拿大温哥华，2007 年败给俄罗斯索契，在经过整整十年的等待后，韩国人主办冬奥会的梦想终于成真。用国际奥委会主席罗格的话说，耐心和坚持是平昌获胜的关键。在国际奥委会主席罗格宣布结果的这一刻，德班国际会展中心的大会议厅里顿时响起了韩国人的欢呼声，在经过两次痛苦的失败后，不屈不挠连续第三次申办冬奥会的平昌人终于可以尽情地欢呼、呐喊。根据国际奥委会事后公布的计票结果，当天有 95 名国际奥委会委员参加投票表决，平昌在第一轮就以 63 票的绝对多数选票击败德国的慕尼黑（Munich）和法国的阿纳西（Anasi），锁定胜局。

2011 年 7 月 6 日，在各个申办城市进行的最终陈述中，平昌奥申委形象大使、2010 年温哥华冬奥会女子花样滑冰的金牌得主金妍儿以流利的英语和甜美的形象，给在场的所有人留下了深刻印象。表决结果揭晓后，金妍儿红着眼睛对记者说：“到目前为止我们一直都在努力，一直都在等待着这一刻的到来，今天，我们终于做到了！我特别激动并且流下了泪水，我为平昌获胜感到非常荣耀。”

在 2018 年冬奥会主办城市表决结果揭晓后，罗格代表国际奥委会与韩国奥委会和平昌市政府签署了主办冬奥会的相关协议。平昌奥申委主席赵亮镐在签字仪式后表示:“在过去十年申奥的过程中，我们一直在倾听和学习，不断地提高我们向国际奥林匹克运动所承诺的主办冬奥会的能力。今天，我们的努力和承诺终于得到了回报，这种不懈的努力将会一直继续到 2018 年，我们将主办一届成功的冬奥会。”

2013 年 5 月韩国奥组委确定了开发会徽相关的基本方针，7 月通过公开招标选定了拥有国际资质和经验的专业企业着手开发工作。同年 10 月，以普通国民为对象实施了设计募集活动，这不仅吸引了国民的关注和参与，还收集了大量创意。国际奥委会在 2013 年 12 月获得会徽设计方案后，对其进行了相关检查，确认无类似设计，然后于 2017 年 1 月 21 日最终认可了平昌奥运会会徽。国际奥委会与平昌奥申委就冬奥会会徽注册了商标。2018 年 1 月，平昌冬奥会官方会徽正式发布。平昌冬奥会的会徽是将韩文中“平昌”两个字的子音加以形象化后完成的。平昌冬奥会的会徽包含了在天地合一的平昌雪花与冰凌、冬奥选手和来自全球各地的人们共聚一堂、共庆盛典的含义。会徽的颜色采用了韩国的传统色彩——五方色（青、赤、黄、白、黑五色）。

冬季奥运会和冬季残奥会的吉祥物分别是叫作“Soohorang”的白老虎和“Bandabi”的亚洲黑熊。老虎象征着朝鲜半岛的地理形状，白老虎被认为是神圣的守护兽。同时，白老虎的颜色也象征着冰雪体育运动，“Soohorang”是多个韩语含义相结合的名字，“Sooho”是韩语“守护”的意思，表示对运动员、观众及所有奥运会参与者的保护，“Rang”是韩语“ho-rang-i”（老虎）的中间音节，同时也是主办城市所在地江原道的传统民谣“Jeongseon Arirang”（旌善阿里郎）的最后一个音节。

2017 年 2 月 9 日，平昌冬奥会倒计时一周年庆祝仪式在江陵冰球中心举行，本届冬奥会的火炬及火炬手服装也同时公布。火炬点燃后火焰将向 5 个方向燃烧，这是平昌的象征，该符号被同时刻在火炬的下半部和顶部周围。平昌冬奥会的火炬以白色和金色为主色调，高 700 毫米，代表平昌 700 米的海拔高度。2017 年 10 月 24 日，平昌冬奥会的圣火在希腊伯罗奔尼撒半岛上的奥运会发源地古奥林匹亚采集成功。受当天雨势的影响，仪式上选用了彩排时所采集的备用火种。火炬点燃后在希腊传递约1周，并于11月1日抵达仁川机场，有7500名火炬手在韩国境内各地接力传递101天，直至冬奥会开幕的2018年2月9日。

2018年平昌冬奥会上，冰雪强国挪威以14枚金牌、39枚奖牌傲立在奖牌榜的榜首，德国、加拿大、美国与荷兰分别位列奖牌榜的第2～5位。中国冬奥军团仅获得1金、6银、2铜的战绩，排在奖牌榜的第14位。其中，1枚金牌、2枚银牌和1枚铜牌来自速度滑冰项目，2枚银牌和1枚铜牌出自自由式滑雪，单板滑雪女子U型场地及花样滑冰（双人滑）各获1枚银牌，其他项目没有奖牌入账。从获得奖牌的项目可以看出，短道速滑和自由式滑雪依然是我国代表团的主要夺金项目；速度滑冰及花样滑冰则是重要的夺金项目；唯一的突破来自单板滑雪女子U型场地的比赛；其他项目未能达到预期目标。金牌数量为近几届最少，奖牌数量不升反降，奖牌榜排名下滑，新增项目未能取得实质性突破，这一系列的问题值得我们思考。

平昌冬奥会上，欧洲四强优势扩大，北美两国稳中有破，亚洲邻邦进步明显，其成功的原因主要包括冰雪设施完善，群众基础雄厚；优势项目突出，人才储备充足；新兴项目不断增加，带来更多机会；科技助力比赛训练，竞技水平提高；充分利用主场优势，实现单项突破。我们可以学习和借鉴日、韩在某些项目上的突破经验，强化我国优势项目的绝对优势，继续狠抓新兴项目，立足长远，夯实冬季项目的基础，争取在北京冬奥会上创造佳绩。

从项目特点来看，短道速滑的场地面积小，动作需在高速滑行中完成，观赏性和热度相当于夏季项目中的百米大战，但危险性和激烈程度远超过百米跑。平昌冬奥会竞技项目的最大争议判罚也出现在短道速滑。影响比赛结果的因素非常复杂，会对判定造成一定困难，尽管高科技设备能够全程无死角地监控比赛，但备受争议的规则和判罚依然对奥林匹克精神造成了重创。男子1000米预赛时，中国选手韩天宇和任子威相继被判出局，但仔细回看韩天宇超越对手的动作时就会发现，他并没有任何主动上手推人的意图。在女子 3000 米接力的决赛中，中国队和加拿大队分别被取消银牌、铜牌的成绩，中国队被判在交接棒时范可新横切造成碰撞犯规。然而，这场决赛更大的争议出现在获得冠军的韩国队是否完成了交接棒，以及被韩国队撞到的加拿大队为何会被判出局。平昌冬奥会的短道速滑比赛共进行 46 次判罚，其中 8 次判罚中国队，7 次判罚加拿大队。荷兰、加拿大、中国等国的众多选手赛后对此结果表示感到荒谬和难以理解。在男子 5000 米接力的颁奖仪式上，与奖牌失之交臂的国家观众一哄而散，获得铜牌的加拿大队领奖时做出了集体擦领奖台的动作，其中的意思不言而喻。公平竞争是奥林匹克精神实现的基础，公平竞争原则的丧失使奥林匹克理念面临巨大的威胁。奥运会作为精英运动的特点在于高水平的竞技性和极具吸引力的观赏性，但只有在公平竞争的基础上，才能实现奥林匹克精神的相互理解、友谊和团结。在事件被传播和热议的过程中，奥运精神将大打折扣，奥林匹克价值的教育意义更将无从展现！

2018 年 2 月 25 日，在平昌冬奥会闭幕式主会场——平昌奥林匹克体育场，一场由张艺谋执导，名为“2022，相约北京”的文艺表演拉开了帷幕。当晚，象征第二十四届北京冬奥会的 24 名轮滑演员和 24 个携带冰屏的智能机器人，借助高科技的影像变幻与会场的灯光舞美，展示出了精美华丽的造型，给全世界的观众带来了一场融合科技与文化的视觉盛宴，呈现出了令人惊艳的“北京八分钟”。“北京八分钟”的传播分为两个层级，第一层级为奥林匹克会场的数万名观众和体育选手，第二层级是世界各地在电视机前收看冬奥会闭幕式的亿万名观众。无论是从现场还是从电视传播的特性来说，直观的富有冲击力的视觉传播，总能更好地传播信息，实现传播效果。“北京八分钟”所承担的任务也显而易见，即利用丰富的视觉体验和观感传递中国文化，展示中国人举办北京冬奥会的决心，体现中国自信与文化共同体的理念，而“北京八分钟”很好地演绎了上述主题。

“北京八分钟”紧扣新时代国家形象与文化传播的新理念，采用科技与文化结合的手法，通过鲜明直观的视觉感官体验，增强了文化辨识度，实现了中国梦向世界的传递，意义深远。导演张艺谋在“北京八分钟”表演前接受采访时表示，“北京八分钟”将加入新技术等创意元素，表演内容不求全、不求大，关键在于求精，注重科技内容，突出大内容。不会再用“恢宏壮阔”“千人擂鼓”等大场面的人海战术，而是会突出个性化、情感化和技术化。当然，短暂的八分钟要阐述的主题众多，也会出现兼顾不及的现象，如“北京八分钟”出现了各叙事片段不连贯、视频表现手法重复老套，以及文化视野的未来性和世界性不够等问题，这既是受创作手法所限，也是受中国文化传播特性与文化发展态势所限。

3

冬季项目的俯瞰

3.1 冬季两项

冬季两项是以滑雪板、滑雪杖和步枪为工具在专门的线路上滑行一定距离的同时，在指定区域进行射击的一种综合性竞技项目。它也是冬季运动中唯一要求运动员在比赛中迅速由动态转为静态再由静态过渡到动态的项目。它在国际体育分类学上属于独立的冬季项目，目前在我国被列为雪上项目。

冬季两项在 20 世纪 20 年代中期诞生于斯堪的纳维亚半岛，但冬季两项的起源，却比这项运动被确立的历史久远得多。据国际冬季两项联盟记载，冬季两项是由古代的滑雪狩猎发展演变形成的，其历史可追溯到远古时期。到中世纪，滑雪在欧洲一些北方国家逐渐被引用到军事中，特别是随着枪械的出现，滑雪射击也就成了一些北方国家军事训练的必修科目。进入近代以后，滑雪射击比赛开始出现。据记载，最早的滑雪射击比赛于 1767 年由驻守挪威与瑞典边界的滑雪巡逻队举办。18 世纪末，挪威和瑞典结盟，滑雪巡逻队解散，但滑雪射击在军队仍有开展，并成为斯堪的纳维亚半岛的军队生活中不可缺少的一项活动。世界最早的滑雪射击俱乐部于 1861 年在挪威特吕西尔创立，即特吕西尔步枪与滑雪俱乐部（Trysil Rifle and Ski Club）。

1912 年，挪威军队在奥斯陆组织了一次以“为了战争日”命名的滑雪射击比赛。比赛滑行的距离为 17 公里。途中有 2 次射击，每次 10 发子弹，每射中一靶在滑行总时间内减去 2 分钟。不久，挪威皇家卫队也进行了类似的比赛。从 1918 年开始，这种比赛在挪威定期举行，每年 1 次。比赛的距离从 17 公里延长为 30 公里，途中设有两个射击区，射击的距离为 200 米。当时，滑雪射击活动在芬兰也相当盛行，据资料记载，从 1919 年起，芬兰参加滑雪射击活动的人数平均每年达 2000 余人。

1924 年，滑雪射击作为军事巡逻项目（Military Patrol）出现在第一届冬奥会的表演中，冬季两项也由此诞生。此后，在 1928 年和 1948 年，军事巡逻又先后 2 次被列为冬奥会的表演项目。在距离为 20 公里的全程比赛中，运动员要射击 5 次，每次 6 发子弹，向不规则排列的图形靶射击，每脱一靶则要在滑行总时间内加上 3 分钟，以此作为处罚。

1948 年，为推动冬季运动的发展，使更多的冬季项目进入冬奥会，一个以现代五项为基础组合的冬季五项被列为第五届冬奥会的表演项目。冬季五项除保留了现代五项中的击剑、射击和骑马越野外，还将赛跑改为 20 公里越野滑雪，将游泳改为高山滑降。这一项目结合的内容冬夏混杂，所以没有获得国际奥委会的承认。同年，在瑞典、挪威、芬兰、英国等国家的倡议下，国际现代五项联盟于 8 月 3 日在英国的桑德赫斯特成立，瑞典的托姆 •威布姆当选首任主席。1949 年在瑞典的斯德哥尔摩召开了国际现代五项联盟的第一届代表大会，会议产生了新的领导机构，主席由瑞典的姆尔 • 厄于尔森担任。欧美的一些国家在建立现代五项协会的同时，也将冬季两项作为一个组成部分加入了该联盟。进入 20 世纪 50 年代以后，冬季两项在瑞典、苏联、保加利亚、挪威、芬兰、英国、法国、民主德国、联邦德国、澳大利亚及美国等十余个国家迅速开展起来。在这些国家的努力下，冬季两项的竞赛规则终于在 1956 年 11 月 17 日在澳大利亚的墨尔本会议上获得通过，并决定从 1958 年开始举办冬季两项世界锦标赛，每年 1 届。1958 年 3 月 2 日，第一届世界冬季两项锦标赛在奥地利萨尔茨堡州的萨尔费尔登举行。比赛只有 20 公里个人赛这一个项目，唯一的要求就是关于枪械的使用。赛会规定，运动员所用的大口径步枪必须是退壳装的转拉式枪机，且带有金属瞄准具。参赛者在 20 公里的滑行过程中要射击 4 次，其中 3 次为卧射，1 次为立射。卧射的距离分别为 250 米、200 米和 150 米，立射的距离为 100 米。每脱一靶则在总时间内增加 2 分钟。

1960 年，在瑞典等一些国家的提议下，美国决定将冬季两项纳入斯阔谷冬奥会。从此，冬季两项就成了冬奥会的正式比赛项目。不久，冬季两项传入亚洲，先是日本，接着是蒙古人民共和国。1962 年，国际现代五项和冬季两项联盟召开了两个大会，冬季两项代表大会于 3 月 2 日在芬兰的海门林纳召开，重点就冬季两项的竞赛规则和发展进行了研究，并决定对国际裁判员进行培训。1964 年，首届冬季两项国际裁判员学习班在瑞典的斯图利恩举行。1956 年 2 月 20 日，在挪威的埃尔沃吕姆通过了冬季两项的接力规则。1965 年，有关部门对冬季两项竞赛规则中的射击距离及计分方式等进行了修改。修改后的规则规定：全部射击的距离均为 150 米，4 次射击的姿势改为卧姿和立姿各 2 次。同年，4×7.5 公里接力被作为非正式项目纳入了在挪威的埃尔沃吕姆举行的第六届世界冬季两项锦标赛。比赛结果表明，各国对 4×7.5 公里接力的重视程度，以及比赛竞争的激烈程度均远超个人赛。于是，从 1966 年开始，4×7.5 公里接力被批准成为世界冬季两项锦标赛的正式比赛项目。

1956 年，冬季两项的活动开始由 1948 年创立的国际现代五项联盟管理。国际现代五项联盟也由此更名为国际现代五项和冬季两项联盟。1974 年在明斯克举行的世界冬季两项锦标赛又增加了一项 10 公里短距离，比赛要求运动员在 10 公里的滑行过程中进行 2 次射击，1 次在 2.5 公里处，采用卧射；1 次在 7.5 公里处，采用立射。每次 5 发子弹，射击 5 个靶，每脱一靶加滑 150 米。1972 年的札幌冬奥会首次采用了电子示分牌。这时的冬季两项虽然项目有所增加，普及的程度也有所增强，但在场地、器材及子弹上的消耗仍然十分昂贵，特别是大口径步枪（最初是 7.62 毫米，后改为 6.5 毫米），不仅需要消耗大量的弹药，而且要为此建造结构较为复杂的射击场，这在一定程度上限制了这项极有吸引力的运动的普及和发展。1977 年，在挪威的利勒哈默尔世界冬季两项锦标赛上，运动员告别了大口径武器。国际现代五项和冬季两项联盟决定，从 1978 年 1 月 1 日开始，冬季两项的所有项目一律改用小口径步枪（5.59 毫米）；射击距离从 150 米缩短到 50 米；射击靶也由易碎靶改为金属靶，靶的尺寸相应缩小，并于 1980 年正式定为 11 厘米。

20 世纪 70 年代以前，冬季两项一直被视为男子的运动。为推进女子冬季两项运动的开展，国际现代五项和冬季两项联盟于 1978 年着手制定女子竞赛规则，并于 1980 年在南斯拉夫的萨拉热窝代表大会上获得通过。1981 年 2 月，首次国际女子冬季两项比赛在捷克斯洛伐克的亚希莫夫–卡罗维瓦利举行，比赛设个人、短距离和接力 3 个项目。1988 年国际奥委会执行委员会决定从 1992 年开始将女子冬季两项纳入冬奥会。初期，女子项目的个人赛为 10 公里，短距离为 5 公里，接力为 3×5 公里。从 1989 年的奥地利菲斯特里茨世锦赛开始，将个人、短距离和接力的距离分别由 10 公里、5 公里和 3×5 公里增加到 15 公里、7.5 公里和 3×7.5 公里。这次赛会上，采用了电子靶自动记录显示得分仪。

1992 年 11 月 30 日，冬季两项代表大会在法国的阿米利–莱斑召开，会议决定该项目脱离国际现代五项和冬季两项联盟，建立冬季两项单独的国际组织。1993 年 7 月 2 日，国际冬季两项联盟在英国伦敦宣布成立，总部设在奥地利的萨尔茨堡。1994 年在萨尔茨堡召开了首届国际冬季两项联盟大会。在冬季两项发展的历史进程中，具有里程碑意义的是 1996 年在奥地利上菲尔岑举行了首届世界夏季、冬季两项锦标赛。夏季与冬季比赛不同的是将滑雪板改为轮滑板，射击位置的编号和射击姿势（卧射和立射）颠倒，从右开始。

1998 年 6 月 5 日，国际奥委会批准将追逐赛纳入冬奥会，从而使冬奥会的冬季两项由原来的 6 小项扩大到 8 小项。同年 6 月 28 日，第三届国际冬季两项联盟代表大会在奥地利召开，在这次会议上，国际冬季两项联盟正式脱离了国际现代五项和冬季两项联盟，并于 1999 年 6 月 1 日正式注册，其活动中心为奥地利的萨尔茨堡。1958—2002 年，冬季两项运动已在近 70 个国家和地区得到了开展，其中 62 个国家和地区加入了国际冬季两项联盟。

20 公里越野滑雪加 4 次射击的滑行可分为 5 部分：第 1 圈滑行后卧射，第 2 圈滑行后立射，第 3 圈滑行后卧射，第 4 圈滑行后立射，第 5 圈滑行直达终点。比赛时，运动员单个出发，随身携带枪支和 20 发子弹，每一个目标发射 5 发。如脱靶则每发子弹加罚 1 分钟，成绩的计算是越野滑雪的全程时间加被罚的时间，然后合计为总成绩。

4×7.5 公里越野滑雪加 2 次射击接力：每队由 4 人组成，总滑行距离为 30 公里。每人 7.5 公里的滑行分为 3 部分：第 1 圈滑行后卧射，第 2 圈滑行后立射，第 3 圈滑行到达终点，并在接力区用手接触同伴身体的任何部位。接力出发时，一般采取集体出发，如果条件不允许，可分组出发。随身携带枪支和 16 发子弹，其中两种姿势 10 发子弹，6 发预备弹。每一种姿势 5 发子弹；如果还有残存的目标，可用 3 发预备弹继续射击。在使用预备弹时必须一发一发地装填射击，直到残存目标被命中。如果使用备用弹后仍未打中残存目标，就按残存的目标数加罚滑行圈数（每圈 150 米）。如果残存目标为两个，就加罚滑行两圈。计算成绩，以接力队的最后一名队员到达终点的时间为该队接力的总成绩。

10 公里越野滑雪加 2 次射击：比赛时，运动员单个或分组出发，并随身携带枪支和 10 发子弹，每种姿势发射 5 发，越野滑行的圈数、射击顺序、射击目标、加罚时间的方法及成绩的计算等与接力项目相同。

青年男子 15 公里、女子 10 公里越野滑雪加 3 次射击，射击顺序是卧射一立射一卧射。竞赛方法与 20 公里项目相同。

青年男子 10 公里、女子 5 公里越野滑雪加 2 次射击和青年男子 3×7.5 公里、女子 3×5 公里越野滑雪加 2 次射击接力，竞赛的方法、射击目标均与成年组短距离项目相同。

冬奥会上不同项目比赛的规则如下：

（1）个人

选手们以 30 秒或 1 分钟的间隔出发，滑行中共进行 4 轮射击（每次射击 5 发子弹），射击顺序为卧射—立射—卧射—立射，每错过一个射击目标，便会在选手的最终滑行时间上加罚 1 分钟。

（2）短距离

选手们以 30 秒或 1 分钟的间隔出发，滑行中共进行 2 轮射击（每轮射击 5 发子弹），射击顺序为卧射到立射，每错过一个射击目标，选手须在 150 米长的惩罚赛道滑行一圈（在惩罚赛道滑行一圈需要 23～30 秒）。

（3）追逐

出发顺序根据冬季两项短距离和个人赛的结果决定，一般根据短距离比赛的结果决定每队 4 名选手的组成，男子每人滑行 7.5 公里，女子每人滑行 6 公里。男子在滑行 2.5 公里、5 公里后进行射击，女子在滑行 2 公里、4 公里后进行射击。此外，在接力赛中选手将获得 3 颗备用弹，如果使用备用弹仍未射中目标靶，则与短距离赛一样，选手须在 150 米长的惩罚赛道加滑一圈。

（4）集体出发

约 30 名选手在出发区依出发信号同时出发，滑行中共进行 4 轮射击，每轮射击 5 发子弹，射击顺序与追逐赛一致。未射中目标靶时，须在 150 米长的惩罚赛道加滑一圈，最先到达终点的选手获得胜利。

（5）接力

每队由 4 名选手组成，男子每人滑行 7.5 公里，女子每人滑行 6 公里。男子在滑行 2.5 公里、5 公里后进行射击，女子在滑行 2 公里、4 公里后进行射击。在接力赛中选手将获得 3 颗备用弹，如果使用备用弹仍未射中目标靶，则与短距离赛一样，选手须在 150 米长的惩罚赛道加滑一圈。各队的第一名选手同时出发，其他选手与回到交换区域的上一名选手进行身体接触后出发。

（6）混合接力

由 2 名女选手及 2 名男选手组成，2 名女选手各滑行 6 公里，2 名男选手各滑行 7.5 公里，每人各自进行 2 次射击。各队的第一名选手同时出发，出发顺序为女子—女子—男子—男子，比赛方式与接力赛一致。

中国的现代冬季两项运动是 1960 年在解放军滑雪队中开展的，现代冬季两项在 1980 年的全国滑雪比赛中被正式列为比赛项目。1980 年，中国运动员参加了第十三届冬季奥运会这个项目的比赛。1998 年，于淑梅在长野冬奥会上获得女子 7.5 公里竞速的第 5 名。2001 年，于淑梅又在冬季两项世界杯 12.5 公里的总决赛中为中国夺得第一个冬季两项世界冠军。后该项目在我国长春等市逐渐发展起来，涌现了刘显英、孔颖超、孙日波等名将。随着越野滑雪选手王春丽改练冬季两项，中国女队在该项目的实力不断加强。在第六届亚冬会上，刘显英夺得了女子 15 公里个人赛的冠军，女子 4×6 公里的接力赛中国队也成功卫冕；男子方面，中国队夺得了男子 4×7.5 公里接力赛的冠军。值得一提的是，2008—2009 赛季，王春丽成为继于淑梅之后的第二个冬季两项世界杯冠军，中国选手时隔 7 年后再度摘得世界杯冠军。而中国女队在世界杯 4×6 公里接力赛上摘得 1 枚银牌，也是一个突破性的成绩。

虽然此前男子运动员在冬季两项的表现不如女子运动员出色，但是在 2012 年的首届青年冬奥会上，年仅 18 岁的程方明在男子冬季两项 7.5 公里比赛中成功夺冠，这枚金牌也创造了我国选手在雪上项目的新历史。因为此前我国选手从未在青年级别的世界大赛中获得冬季两项的金牌。

国际冬季两项联盟规定，冬季两项的比赛包括成年男、女和青年男、女两大类。北京 2022 年冬奥会冬季两项的比赛将在张家口赛区的国家冬季两项中心进行，将产生 11 枚金牌。冬季两项的比赛场地包括设施区和雪道区两个部分。设施区由起点区、终点区、射击场、处罚圈、接力交接区等组成，这些设施必须在平地上，场地彼此相邻。雪道由连续不断、起伏不平的地段构成，海拔高度不得超过 1800 米，雪道宽度为 5 米，且要设置雪槽。

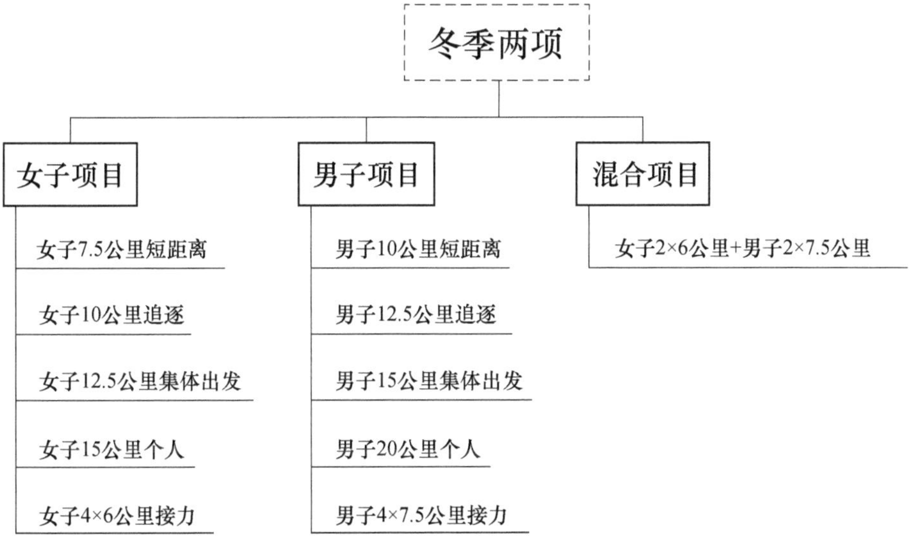

北京 2022 年冬奥会冬季两项项目

3.2 雪车

雪车是一种以舵和方向盘控制的集体性冬季运动项目，它与跳台滑雪一样，在第一届冬奥会上就被列为比赛项目。风驰电掣般的高速行驶是雪车的最大看点，它的平均滑行速度可达 100 千米/时，最高可达 160 千米/时。自成为冬奥会的正式项目后，除 1960 年冬奥会因场地关系而被移出比赛项目，几乎每届冬奥会都设有此项目。在最初的 2 届冬奥会中只设有男子四人小项，美国普莱西德湖冬奥会新增了男子双人小项，后来的美国盐湖城冬奥会将女子双人小项加入其中。北京冬奥会将新增女子单人项目。至此，雪车在冬奥会上共设立 4 个小项：男子四人座、男子双人座、女子双人座、女子单人座。

雪车为金属所造，流线型设计，底部有一对舵板和一对固定的平行滑板，在雪车后面是制动器，雪车内部有一个方向盘。在比赛中，雪车运动员必须穿上比赛服、护肩、护肘与头盔、专用钉靴（靴钉要平均分布于靴底，靴钉的长度不可高于 14 毫米，间隔要少于 3 厘米）。雪车的滑道以混凝土或木材建成，宽度为 1.4 米，两侧均为护墙，护墙内侧高 1.4 米，外侧高 2～7 米。滑道及两侧的护墙均需浇冰，比赛线路长 1500 米，全程的弯道最少 15 个，最多 20 个，弯道半径的最低下限为 20 米，滑道的平均坡度为 4° 30′～8° 30′，起点至终点的高度差异在 100～150 米。

雪车项目之所以引人入胜，是因为它在高速滑行的时候，选手距离地面非常近，在一连串减速或增速的滑道里，那种风驰电掣般的高速行驶能让人充分感受刺激。雪车的速度受三个因素的影响：一是重量，二是空气阻力，三是摩擦。如果这三个因素相等，那么选手与雪橇组合最重的就会跑得最快。现在的雪车是建立在速度和空气动力学的基础上，圆锥形玻璃纤维的头部、四个明光闪亮的轮子都有助于选手高速完成比赛。

雪车项目的分类如下：

（1）男子四人座

男子四人座在 1924 年的第一届冬季奥运会上被纳为正式比赛项目。男子四人座雪车长不得超过 3.8 米，宽不得超过 0.67 米，选手、装备及雪车的总重量不得超过 630 千克。四人座的第 2、3 号选手为推手，在出发的时候起加速的作用。四人赛的运动员与双人赛的运动员相同，在一次比赛中要滑行四次，分两天完成，每天滑行两次，首次的出发次序以抽签决定，之后的出场名次按上一轮的成绩而定，最差的一组先出发。比赛结束后，将四次滑行中到达终点的时间累积，得到最终的成绩，数字愈小则排名愈前。若出现相同的时间，则以任何一次最快完成的一队为优胜。

（2）男子双人座

男子双人座在 1932 年的美国普莱西德湖冬季奥运会上被列入正式比赛项目。男子双人座雪车长不得超过 3.8 米，宽不得超过 0.67 米，选手、装备及雪车的总重量不得超过 390 千克。双人座的运动员在一次比赛中要滑行四次，分两天完成，每天滑行两次，首次的出发次序以抽签决定，之后的出场名次按上一轮的成绩而定，最差的一组先出发。比赛结束后，将四次滑行中到达终点的时间累积，得到最终的成绩，数字愈小则排名愈前。若出现相同的时间，则以任何一次最快完成的一队为优胜。

（3）女子双人座

在 2002 年的美国盐湖城冬季奥运会上女子双人座成为正式的比赛项目。女子双人座雪车长不得超过 2.7 米，宽不得超过 0.67 米，选手、装备及雪车的总重量不得超过 350 千克。规则与男子双人座相同。

（4）女子单人座

冬季奥运会上单人赛所使用的雪车长不得超过 2.7 米，宽不得超过 0.67 米，滑橇板宽 8 毫米，滑行时雪车的重量不得超过 92 千克。

中国雪车队组建 2 年多便在 2018 年获得参加冬奥会的资格，这堪称奇迹。从无到有，他们克服了重重困难，但要真正成为“冰上 F1”的劲旅，今后的路只会更加艰辛。2018 年 12 月 17 日，2018—2019 赛季国际雪车联合会欧洲杯在德国国王湖站圆满落幕，雪车女子双人座，应清/王亚萌以 1 分 43 秒 72 获得第 5，成功拿到 1 枚奖牌。2019 年 12 月 19 日，2019—2020 赛季国际雪车联合会女子单人雪车系列赛在德国国王湖举行，中国选手应清以两轮比赛总成绩 1 分 50 秒 73 与澳大利亚选手沃克并列冠军，这也是中国雪车队获得的第 1 枚女子单人雪车世界金牌。

中国国家雪车雪橇中心位于延庆赛区的西南侧，将作为北京 2022 年冬奥会雪车、雪橇的比赛场地，距离奥运村 1 公里，行车 5 分钟，赛场提供观众座席 2000 个，站席 8000 个。国家雪车雪橇中心是 2022 年冬奥会中设计难度最大、施工难度最大、施工工艺最为复杂的新建比赛场馆之一，赛道分为 54 个制冷单元，全长 1975 米，垂直落差超过 121 米，由 16 个角度、倾斜度都不同的弯道组成。赛道建成后，将成为世界第 17 条、亚洲第 3 条、国内首条雪车、雪橇赛道。

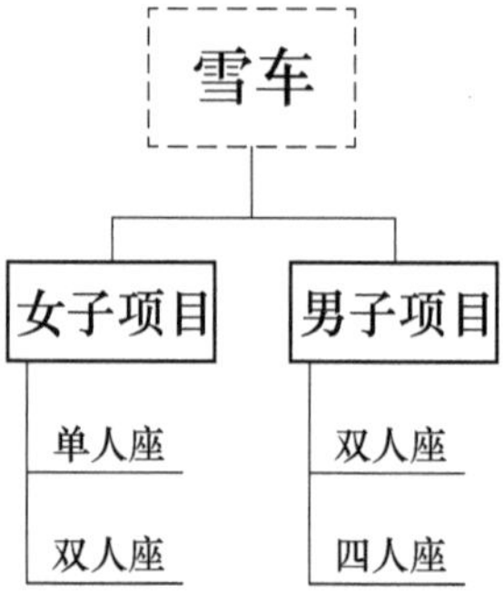

北京 2022 年冬奥会雪车项目

3.3 钢架雪车

钢架雪车是在传统雪车的基础上延伸出来的运动项目，因为过于惊险刺激曾两次被取消作为冬奥会比赛项目的资格。1892 年英国人蔡尔德使用了一架主要以金属为材料制成的新雪橇，后来被正式命名为钢架雪车。名字虽然叫钢架雪车，但和另外两个滑行项目的雪车、雪橇一样，都是在冰道上进行的运动。全世界没有两条一样的赛道，每一条赛道都是由国际雪车协会邀请专业技术人员设计的，所以这三项运动并没有世界纪录，仅有不同赛道的赛道纪录。

第一次钢架雪车比赛在 1884 年举行。1887 年开始出现类似现在这种俯卧式的姿势。钢架雪车项目曾于 1928 年瑞士圣莫里茨冬奥会上进行过比赛。

20 年后的 1948 年，圣莫里茨再度举办冬奥会，又把钢架雪车列入比赛项目。但是，钢架雪车项目因危险性较高，在 1948 年冬奥会之后，又被取消，中断了其在冬奥会比赛上的历史。直到 2002 年的盐湖城冬奥会，它才再度成为冬奥会的比赛项目。同时，在盐湖城冬奥会中增加了该项目女子组的比赛。钢架雪车最初是以金属制作的，现在多为玻璃纤维和金属合成品，两轮比赛必须使用同一辆雪车，如果在比赛中雪车损毁，可以借用雪车进行比赛，但必须报准后才可使用。雪车长度在 80～120 厘米，高度为 8～20 厘米。选手的雪靴最多可以有 8 支长钉，每支不得超过 7 厘米，所有参赛选手都必须佩戴全罩式安全帽，以保护颈部以上的安全。

（1）男子钢架雪车

➢ 在男子单人项目上，钢架雪车加上选手的重量不得超过 115 千克；

➢ 只要钢架雪车的重量控制在 33 千克以内，总体重量亦可超过 115 千克，即使总体重量未超过 115 千克，钢架雪车的重量也不得超过 43 千克；

➢ 如果重量不足，选手可以通过贴铅块来补充重量。

雪车与地面接触的雪板部分，必须以钢材制成，上面不能有任何涂装。比赛前选手将雪车送到起点进行检查；比赛时，雪和雪板的温度与送去时的温差不得超过 4 摄氏度。

（2）女子钢架雪车

➢ 在女子单人项目上，钢架雪车加上选手的重量不得超过 92 千克；

➢ 只要钢架雪车的重量控制在 29 千克以内，总体重量亦可超过 92 千克；即使总体重量未超过 92 千克，钢架雪车的重量也不得超过 35 千克；

➢ 在重量不足的情况下，选手可以通过贴铅块来补充重量。

2015 年 9 月 22—25 日，由国家体育总局冬季运动管理中心组织的中国钢架雪车国家队选拔在北京延庆举行。中国钢架雪车国家集训队于 2015 年 10 月成立。同年 11 月 25 日，队员们踏上出国训练的首站加拿大卡尔加里，之后转训德国国王湖。2016 年 1 月 15 日和 16 日，中国钢架雪车国家集训队首次正式参加国际级比赛——欧洲杯第五站、第六站。在第五站比赛中，女队员龙承凤获得第 20 名的成绩；在第六站比赛中，男队员耿文强在裁判员出现失误、出发顺序有误的情况下，及时调整状态并顺利完赛，最终获得第 19 名的成绩。2016 年 1 月 27—28 日，欧洲杯分站赛在圣莫里茨的赛道举行，这次赛事是欧洲杯赛前的一次邀请赛，有很多报名参加欧洲杯的运动员也参加了角逐。耿文强和闫文港分别以首轮第 4 名和第 8 名的成绩进入决赛，最终分别获得第 3 名和第 10 名。

在 2017 年 11 月 10 日进行的雪车世界杯普莱西德湖站的比赛中，中国运动员耿文强在男子钢架雪车决赛中获得第 7 名，实现了中国选手在雪车世界杯上参赛和完赛“零的突破”。在 2020 年 1 月 10 日进行的国际雪车联合会钢架雪车世界杯法国拉普拉涅站的比赛中，耿文强发挥出色，与韩国选手尹诚彬并列获得男子组第 3 名，这是中国选手首次在钢架雪车世界杯赛场上获得奖牌。

北京 2022 年冬奥会期间，国家雪车雪橇中心将承担雪车、钢架雪车、雪橇 3 个项目的全部比赛内容，它位于延庆赛区的西南侧，建筑面积约 6 万平方米，赛道全长约 1.9 公里，垂直落差超过 120 米，最高设计时速 134.4 公里。国家雪车雪橇中心采用世界顶尖水平的赛道设计，是中国第一条雪车雪橇赛道，也将是全球第一条 360 度回旋赛道。

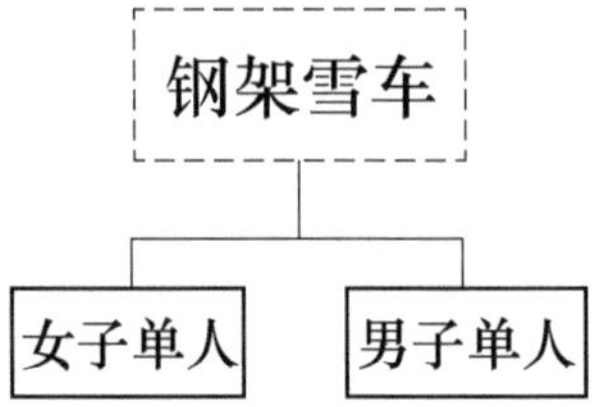

北京 2022 年冬奥会钢架雪车项目

3.4 速度滑冰

速度滑冰是选手穿冰刀鞋在指定的距离进行冰上滑行的竞速运动。速度滑冰主要分为大道速滑、短道速滑和马拉松速滑。冬奥会上，速度滑冰普遍指大道速滑。速滑竞赛的跑道周长为 400 米，内弯道半径不能小于 25 米或大于 26 米，每条跑道宽 5 米，最窄 4 米。每组由 2 名运动员进行比赛，两条赛道中，内道起跑的运动员，滑行到换道区时须换到外道，外道运动员须换到内道。换道时，为了避免运动员冲撞，外道选手拥有换道优先权，如选手在换道时发生冲撞，则判内道选手失去比赛资格。速滑男子比赛项目分为500 米、1000 米、1500 米、5000 米、10000 米、男子团体追逐赛及集体出发等小项；速滑女子比赛项目分为 500 米、1000 米、1500 米、3000 米、5000 米、女子团体追逐赛及集体出发等小项。

滑冰运动有着悠久的历史。古代生活在寒冷地带的人们，在冬季冰封的江河湖泊中以滑冰作为交通运输的手段。后来随着社会的进步，其逐步发展为滑冰游戏，直到现代的速滑运动。1194 年，威廉·菲茨斯蒂芬（William Fitzstephen）在伦敦描述了此运动项目。坎特伯雷（Canterbury）的一位修道士斯特凡纽斯（Stefanius）在其《名城伦敦编年史》中这样写道："青年人成群结队地跑到冰上，一些人迈着尽可能大的步伐快速溜进，另一些人的脚上则绑着动物的腓骨，手持带尖的木棍，不时地用它支撑冰面向前滑动，所获速度之快，就像鸟儿在空中飞翔……"类似的记载，在荷兰的古雕刻画、斯堪的纳维亚的叙述文学及瑞典发掘的古文献中都有发现。尽管这些活动当时只是人们在冬季进行的一种游戏，或者说是冰上的一种代步工具，但也为现代速度滑冰运动的产生和形成奠定了基础。

滑冰和速度滑冰并不只在荷兰和斯堪的纳维亚存在，1592 年，一个苏格兰人设计了一双带铁刃（冰刀）的滑冰鞋。正是铁刃使得滑冰运动得到普及，尤其是速度滑冰。17 世纪中期，一位荷兰人首次穿着冰刀鞋沿冰面从一个城市滑到另一个城市。然而，这个时期的速度滑冰仍然没有摆脱游戏的性质。1642 年，第一个官方滑冰俱乐部爱丁堡滑冰俱乐部（Edinburgh Skating Club）诞生了。1763 年，英国国家滑冰协会（National Ice skating Association）在费恩斯举办了世界上首次正式的速度滑冰比赛。与此同时，荷兰人开始水路游览与弗里斯兰接壤的 11 个城市，这一挑战最终与特登托赫特（Elfstedentocht）接轨。

从 19 世纪 40 年代开始，速度滑冰从英格兰和荷兰迅速传入其他国家，滑冰俱乐部也由此纷纷建立，例如 1849 年美国的费城滑冰俱乐部，1864 年荷兰的阿姆斯特丹冰上俱乐部、挪威的克里斯蒂安尼亚（今奥斯陆）滑冰俱乐部、俄国的圣彼得堡滑冰俱乐部，1865 年法国的巴黎塞尔克莱德斯帕蒂讷尔俱乐部，1867 年奥地利的维也纳冰上协会，以及 1868 年捷克的布拉格冰上俱乐部和特罗堡（今奥拉瓦）冰上协会等。到 1851 年，北美人对这项运动产生了热爱，以至于后期的全钢刀刃在该地区得到了发展。

19 世纪后期，资本主义完成了向垄断资本主义的过渡，各种国际垄断组织相继出现。这种经济上的跨越国界，不仅在速度滑冰领域有所反映，而且有了加强国际交往和举办国际比赛的客观因素。最初是国家与国家之间的小型比赛，其中最著名的是 1880 年在纽约布鲁克林区举行的 25 英里（40.23 公里）比赛和 1885 年在挪威克里斯蒂安尼亚举行的对抗赛。在此期间，3 位挪威人——阿克赛尔・保尔森、卡尔・沃纳及哈拉尔・黑格对世界速度滑冰的发展作出了卓越的贡献。他们通过到各国比赛和表演，极大地推动了这项运动的发展，扩大了它的影响，特别是保尔森，他发明了我们今天所用的管状速度滑冰冰刀。在这些国际比赛活动中人们遇到最多的问题就是比赛的场地规格、比赛项目及竞赛的距离。针对这些问题荷兰人提出了双跑道两人一组同时出发，以及设立短、中、长距离比赛项目的建议。1888 年荷兰的建议被采纳，而后根据这一建议，荷兰和英国共同起草制定了一个规则。于是，国际速度滑冰比赛的规则被确定了下来。第一次按照新规则举行的国际比赛是 1889 年在荷兰阿姆斯特丹举行的世界冠军赛。随着第一届世界速度滑冰锦标赛的举办，荷兰重新回到了速度滑冰锦标赛的前列。

1889 年、1890 年及 1891 年，在荷兰阿姆斯特丹冰上俱乐部的组织下，连续举办了三次世界速度滑冰冠军赛。在比赛项目方面，1889 年设 0.5 英里（0.80 公里）、1 英里（1.61 公里）及 1.5 英里（2.41 公里）3 项，1890 年和 1891 年又增加了 5 英里（8.01 公里）。当时的规则规定，只有获得全部项目第 1 名的运动员才能被授予冠军称号，遗憾的是，1889 年和 1890 年的冠军赛没有运动员赢得全部项目的第 1 名。世界冠军在 1891 年的冠军赛中产生，他就是夺得所有 4 个项目冠军的美国运动员约瑟夫・多诺格。

随着国际速度滑冰比赛的频繁举行和各国滑冰协会的建立，人们认为需要建立一个负责管辖各国滑冰协会的最高机构，以推动、领导世界速度滑冰运动的开展和协调，解决各国之间及国际比赛中出现的问题。于是，国际滑冰联盟（以下简称国际滑联）在 1892 年诞生于荷兰，这是第一个冬季运动联合会。1893 年 1 月，在国际滑联的领导下，第一届世界男子速度滑冰锦标赛在阿姆斯特丹举行，该锦标赛也由此走上了制度化的轨道。400 米跑道被国际滑联设定为标准跑道，比赛的标准距离也被更正为 500 米、1500 米、5000 米和 10000 米。选手们成对进行比赛，每个人都有自己的滑道，每圈都要换道，以确保每位选手完成相同的距离，这就是现在所说的大道速滑。然而在近半个世纪的时间里，一直没有举办女子的比赛，直到 1933 年，世界女子速度滑冰锦标赛才正式举行。这项运动在荷兰、挪威和韩国广受欢迎，其他一些国家也有顶级的国际溜冰场，包括加拿大、美国、德国、意大利、日本、俄罗斯和哈萨克斯坦。

1924 年，速度滑冰被列为正式比赛项目，纳入冬奥会，最初设男子 500 米、1500 米、5000 米、10000 米及全能 5 个项目，但从第二届开始取消了全能。1960 年，女子速度滑冰被列入冬奥会，进一步推动了速度滑冰运动的发展。

20 世纪 90 年代中期，继 16 世纪钢制冰刀的出现和 19 世纪管状结构冰刀发明之后，速度滑冰的冰刀又经历了一次改革，一种被称为“时利波”的新式冰刀出现。它的最大特点就是在结构上更加符合运动学、动力学和人体形态学的要求，它的出现使速度滑冰运动员的成绩得到了迅速提高。从 1998 年开始，冬奥会金牌的获得者和新的世界纪录的创造者使用的几乎全部是新式冰刀。

速度滑冰比赛在一个 400 米的椭圆形跑道上按逆时针进行。在所有个人比赛项目中，一次只允许 2 名运动员参赛，运动员每圈必须换道。此外，运动员由外道改内道有优先通行权。运动员如在跑道内起跑失误、妨碍他人或随意切入，将被取消比赛资格。如果运动员错过了比赛或摔倒了，他们可以选择重新比赛。漫长的赛程中没有热身赛或决赛，所有排名都是按时间进行的。大道速滑的启动程序由三个部分组成：首先，裁判员告诉运动员上道；然后，裁判员示意运动员准备，并等待运动员停止动作；最后，裁判员等待

1～1.5 秒后发射发令枪。在团体追逐赛中，两队每 3～4 名运动员可以同时比赛。两队从冰场的对边开始，在比赛期间都保持在内线。如果有 4 名运动员在比赛，1 名运动员将被允许退出并停止比赛，当第 3 名运动员越过终点线时，计时停止。

根据运动员的年龄和身高，冰刀的长度在 30～45 厘米。大道冰刀，也称卡式冰刀，只有前面被牢牢地系在靴子上。靴子的后跟通过位于前连接器上的弹簧机构，每次发力时都与刀刃分离。因为需要给脚踝提供更多保护和施压，速滑鞋在脚踝处被卡住，它的构造更像鞋子而不是靴子。速滑鞋要用夹具手动磨尖，以保持它们的位置。对于长距离滑冰选手来说，他们应与短道速滑者穿戴相同的装备，但不需要头盔、护胫、护膝和护颈。护目镜不是强制性的，速滑衣也不需要是凯夫拉纤维防刀割的，大道速滑运动员穿的是内置于套装中的兜帽衫。

19 世纪末，滑冰运动传入中国，速滑逐渐成为北方群众所喜爱的冬季运动项目。中华人民共和国成立后，参加速滑运动的人逐年增多，东北地区的群众性冰上运动开展得尤为活跃。在中国速滑运动历史发展的长河中，曾出现过多位优秀的速滑运动员。中国速滑运动员王金玉在苏联阿拉木图的第六届国际邀请赛中，获得了男子全能冠军，并在 5000 米比赛中战胜了世界纪录的保持者、苏联运动员希尔科夫。在第五十三届世界男子速滑锦标赛中，杨菊成以 42 秒 4 的成绩取得了 500 米比赛的第 2 名。1961 年，在世界女子速滑锦标赛中，刘凤荣获得了全能第 4 名；在男子锦标赛中，王金玉获得全能第 8 名，并在同年 9 月的国际邀请赛中获得全能冠军。1962 年，在莫斯科举行的世界锦标赛中，王金玉和罗致焕分别获得全能第 5 名和第 6 名；王金玉还在 1500 米比赛中获得第 3 名；刘凤荣再次获得全能第 4 名。

在 1963 年的世界男女锦标赛中，王金玉和罗致焕均打破了世界男子全能纪录，罗致焕在 1500 米比赛中以 2 分 9 秒 2 的成绩获得金牌，并创造了该项锦标赛的纪录；女运动员王淑媛获得了 1000 米的第 2 名和全能第 6 名。1975 年，在挪威举行的世界锦标赛中，赵伟昌以 40 秒 93 的成绩获得 500 米的第 2 名。1976 年，在第三届全国冬季运动会速滑比赛中，少年组的成绩提高幅度较大。1979 年，在第四届全国冬季运动会速滑比赛中，有 32 人、60 次打破了 14 项男女成年、少年的全国纪录。2014 年 2 月 13 日，在索契冬奥会的速度滑冰女子 1000 米决赛中，中国选手张虹以 1 分 14 秒 2 夺得金牌，这是中国冬奥会历史上首枚速滑金牌。

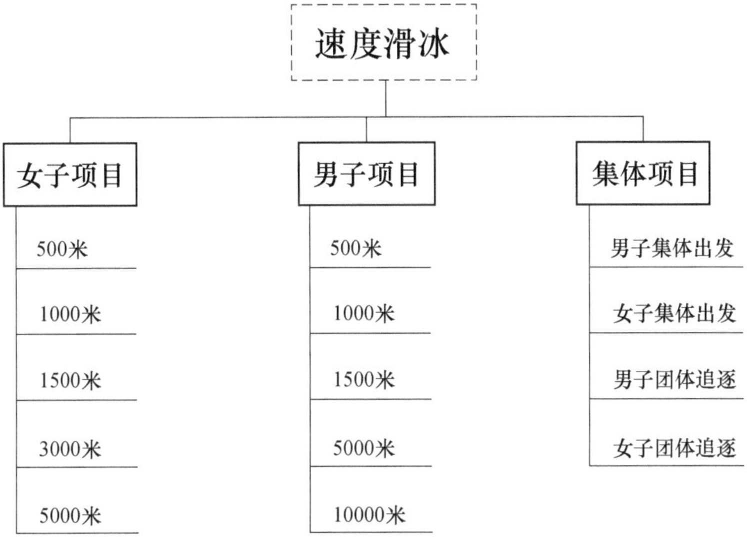

北京 2022 年冬奥会速度滑冰项目

3.5 短道速滑

短道速滑的跑道周长为 111.12 米，直道宽不小于 7 米，弯道半径为 8 米，直道长 28.85 米。男子比赛项目分为 4 圈追逐、7 圈追逐、9 圈追逐、全能、500 米、1000 米、1500 米及 3000 米；女子比赛项目分为 4 圈追逐、7 圈追逐、9 圈追逐、全能、500 米、1000 米、1500 米及超级 3000 米；集体项目有男子 5000 米接力、女子 3000 米接力、男女混合 2000 米接力。

短道速滑起源于 19 世纪 80 年代的加拿大，当时一些速度滑冰爱好者常到室内冰球场上练习，随后便产生了室内速度滑冰的比赛。20 世纪初，这项比赛逐渐在欧洲和美洲的一些国家广泛开展。1988 年，短道速滑在卡尔加里冬奥会上被首次列为冬奥会表演项目，在 1992 年的阿尔贝维尔冬奥会上成为正式比赛项目。在速度滑冰（大道）成为一项国际化的运动项目后不久，短道速滑也开始在欧洲出现。1889 年举行了第一届长道速度滑冰世界锦标赛，3 年之后，国际滑联成立。但是直到 20 世纪初期，短道速滑才在北美地区举行公开的比赛。1906 年，美国和加拿大联合举办了短道速滑的国际比赛，并于 1921 年开始举行每年一度的国际短道速滑锦标赛。

1920—1940 年，短道速滑在北美迅速普及。1932 年冬奥会的组织者甚至把长道速滑改成类似短道速滑的形式，其观赏程度也大大增加。1976 年和 1977 年举行了最初 2 届的短道速滑世界锦标赛，但是没有得到国际滑联的正式承认。国际滑联正式承办的短道速滑锦标赛开始于 1978 年，然而，第一届短道速滑世界锦标赛直至 1981 年才于法国默东举行。

在短道速滑成为奥运会项目之前，已经有滑冰运动员经常在短道和大道上进行比赛了。短道冰场可以终年铺设，随时为运动员提供训练和比赛场地。许多大道滑冰运动员就利用短道冰场练习并改进技术，其中一些人甚至也会参加短道速滑的比赛。随着室内大道设施的出现，这种混用两种赛道的训练方式逐渐被淘汰。后来，随着短道速滑成为冬奥会的正式项目，运动员也不得不专注于短道速滑的训练，以求在这个项目上获得成功。

短道速滑第一次在冬奥会上亮相是 1988 年的卡尔加里冬奥会，当时短道速滑仅仅是表演项目，设置了 10 个小项。随后，这个项目得到了迅速的普及。1992 年国际奥委会正式把短道速滑列为奥运会项目，但是在阿尔贝维尔冬奥会上，只设立了男、女各 1 个项目和接力项目（男子 1000 米、女子 500 米和男女接力）。短道速滑在冬奥会的第一次亮相获得了巨大的成功。在 1994 年的利勒哈默尔冬奥会上，短道速滑共设立了 6 个小项，即男、女的 500 米、1000 米和接力。在 2002 年举行的盐湖城冬奥会上，短道速滑所设立的小项继续增加，国际奥委会又加设了男、女 1500 米的比赛，使短道速滑的金牌总数达到 8 枚。

短道速滑的比赛采用淘汰制，以预、次、半决、决赛的方式进行。4～8 名运动员在一条起跑线上同时出发，预赛站位通过抽签决定，之后进行的比赛站位由上一场比赛的成绩决定，排名第一则站一道，以此类推。比赛途中在不违反规则的前提下运动员可以随时超越对手。

短道速滑项目1981年被引入中国，1982年2月，在首都体育馆举行了第一次全国短道速滑集训比赛。自1983年起，短道速滑被列为年度全国比赛和全国冬季运动会的正式比赛项目。在1987年的第六届全国冬运会上，李金艳打破了女子3000米的世界纪录，给长期在艰苦条件下努力奋斗的中国冰雪运动带来了信心和希望。

在1988年加拿大卡尔加里举行的冬奥会上，短道速滑被列为表演项目，李琰勇夺1000米的金牌，并打破了1000米、1500米的世界纪录。在1989年的世界锦标赛上，郭洪茹获得了3000米的金牌，成为我国短道速滑项目的第一位世界冠军。李琰在1992年的阿尔贝维尔冬奥会上获得了女子500米短道速滑的银牌，这是中国短道速滑的第一枚奥运奖牌。1995年的世界锦标赛，中国队获得了第一枚女子3000米接力的金牌。1996年的世界锦标赛，李佳军在1000米项目上的金牌，使中国在短道速滑项目上获得了第一个男子世界冠军。

1997年杨扬在日本长野举行的世界锦标赛上获得了中国的第一个全能世界冠军，至2002年的世界锦标赛，她连续夺取了6届的全能冠军。2002年，在美国盐湖城举行的第十九届冬奥会上，杨扬勇夺500米、1000米两块金牌，为中国实现了冬奥会上金牌“零的突破”。在第二十届都灵冬奥会上，王濛夺得500米的金牌。2010年的温哥华冬奥会，王濛又勇夺女子500米的金牌，并打破了10分钟前刚被打破的奥运会纪录。2010年温哥华冬奥会，周洋在女子1500米的赛场上，在决赛有8名选手出场的情况下，再次夺得1枚金牌并打破世界纪录。此外，在该届冬奥会上，由王濛、周洋、张会、孙琳琳组成的中国女子短道速滑3000米接力队伍，力压韩国队，夺得1枚宝贵的金牌。王濛还获得了女子1000米和500米的金牌，中国女队包揽了2010年冬奥会短道速滑女子项目的全部金牌，这是短道速滑史上唯一次被一个国家包揽全部奥运金牌的壮举。

至今，经过几十年的努力，中国短道速滑队在冬季奥运会、世界锦标赛、世界杯总排名上，先后有23名优秀运动员，20次打破世界纪录，获得103个世界冠军，在历届冬奥会上取得7金、10银、7铜的成绩，为中国的冰雪项目作出了卓越的贡献。

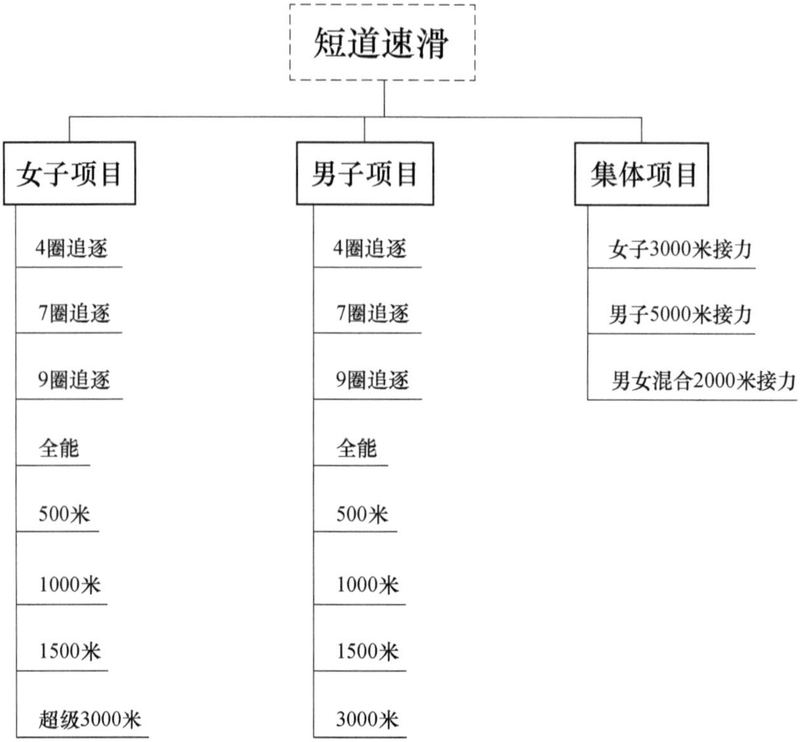

北京 2022 年冬奥会短道速滑项目

3.6 花样滑冰

花样滑冰是一项由单人、双人或团体，以冰刀在冰面上划出图形并表演技术动作的体育运动。花样滑冰起源于 18 世纪的英国，是曾经进入夏季奥运会的冬季项目，后相继在德国、美国、加拿大等欧美国家迅速开展。1772 年英国皇家炮兵中尉罗伯特 • 约翰逊撰写的《论滑冰》在伦敦出版，这是世界上第一本涉及花样滑冰的书籍。1863 年美国芭蕾舞表演艺术家杰克逊 • 海因斯将滑冰运动与舞蹈艺术融为一体，在欧洲巡回表演，丰富了花样滑冰的内容和形式，海因斯也被称为“现代花样滑冰之父”。1868 年美国的丹尼尔 • 梅伊和乔治 • 梅伊首次表演了双人滑，这是世界上有记载的最早的花样滑冰表演。1872 年，奥地利首次举办花样滑冰比赛。1891 年，在德国汉堡举行了花样滑冰欧洲锦标赛。1896 年，在俄罗斯彼得堡举行了首届世界男子单人花样滑冰锦标赛。1906 年，在瑞士达沃斯举行了首届世界女子单人花样滑冰锦标赛。1908 年的第四届夏季奥运会增加了花样滑冰项目。1952 年，在法国巴黎举行了第一届世界冰上舞蹈锦标赛。花样滑冰 1924 年被列为首届冬奥会的比赛项目，有男、女单人滑（1924 年列入），男女双人滑（1924 年列入）和冰上舞蹈（1976 年列入）4 个比赛项目。每个国家和地区每项限报 3 人/队。1980 年，美国第三次举办冬奥会，花样滑冰也随之迎来了黄金十年，到 20 世纪 90 年代时，花样滑冰在北美的人气和影响力达到巅峰，大量的花样滑冰表演兴起。1994 年，花样滑冰世锦赛在日本举办，赛后中国邀请各国选手进行了两场名为“生活之夜——世界花样滑冰锦标赛超级明星访华”的表演活动。北京 2022 年冬奥会的花样滑冰项目可以分为 4 个小项，即单人滑、双人滑、冰上舞蹈和团体赛。单人及双人规定花式项目又称“短曲”，参赛选手必须于限制时间内完成所有规定动作。自选花式项目又称“长曲”，参赛选手的表演服装没有任何限制，可由参赛选手自行选择。花样滑冰的规定比赛场地长 56～61 米，宽 26～30 米，冰的厚度不少于 3～5 厘米。

（1）单人滑

单人滑分男子单人滑和女子单人滑。比赛按短节目和自由滑的顺序进行，第一天为短节目，第二天为自由滑。

短节目：运动员必须在 2 分 40 秒的规定时间内完成一套由跳跃、旋转、联合跳跃、联合旋转等 8 个动作和连接步编排而成的节目。裁判员首先根据运动员完成动作的质量、难度评定规定动作分，然后根据内容编排的均衡性、音乐的一致性，以及速度、姿势、音乐特点表达等评定表演分。每项满分均为 6 分，两项分数相加之和为运动员得分，得分多者名次列前。

自由滑：运动员自选音乐，男子在规定的 4 分 30 秒，女子在规定的 4 分钟内完成一套编排均衡，由跳跃、旋转、步法及各种姿势组成的滑行动作。裁判员根据运动员动作的难度、数量、质量、内容编排、音乐配合、姿态、表情、独创性及场地利用等评定技术水平分和表演分。评分和确定名次的方法同短节目。

（2）双人滑

双人滑由一男一女配对参赛，比赛按双人短节目和双人自由滑的顺序进行，第一天为双人短节目，第二天为双人自由滑。

双人短节目：运动员自选音乐，在 2 分 40 秒的规定时间内完成一套双人短节目规定动作，每个动作只允许做一次，附加动作扣分。裁判员根据运动员完成动作的质量、动作完成情况、内容的编排、音乐的配合等评定规定动作分和表演分。

双人自由滑：运动员自选音乐，在规定的 4 分 30 秒内完成一套自编动作。裁判员根据运动员完成动作的难度、质量、动作编排、音乐配合、姿态、表情、独创性、场地利用等评定技术水平分和表演分。评分和确定名次的方法同单人滑。

（3）冰上舞蹈

冰上舞蹈起源于花样滑冰，始于 20 世纪 30 年代的英国，偏重舞步，强调用动作表达音乐。1937 年英国举办了首届冰上舞蹈锦标赛，1949 年被列为单独比赛项目，由一男一女配对参赛。比赛按规定舞、创编舞和自由舞的顺序进行，第一天为规定舞，第二天为创编舞，第三天为自由舞。

规定舞根据规定的音乐、图案、步法和重复次数完成动作，共有 22 套，国际滑联用抽签的方法确定两套作为下年度的比赛项目。裁判员根据运动员完成动作的质量和姿势评定技术水平分和表演分。创编舞又称定型舞，运动员要按规定的韵律自选音乐，在规定的时间内完成一套自编的舞蹈步法和图案。裁判员根据运动员完成的动作情况评定编排分和表演分。自由舞需运动员自选音乐，在规定的 4 分钟内完成由各种步法、托举、小跳、姿势、握法等动作组成的自编舞蹈。裁判员根据运动员完成动作的质量、风格和创新等评定技术水平分和艺术印象分。评分和确定名次的方法同单人滑。

花样滑冰在中国有悠久的历史，《宋史》已有关于“冰嬉”的记载，元朝以后，冰嬉更为盛行。明代《帝京岁时纪胜》中关于“冰床、冰擦”的记载，都是指在冰冻的江河湖泊上进行滑冰游戏。清乾隆年间，画家沈源的《冰嬉赋》中便有大蝎子、金鸡独立、哪吒探海等姿势。清末，专为慈禧观赏的北京北海花样滑冰表演中，已有双飞燕、蝶恋花等双人动作和朝天镫、童子拜佛等单人动作。那时民间的冰上表演已有猿猴抱桃、卧鱼、鹞子盘云、凤凰展翅、摇身晃等动作。1930 年前后，西方的花样滑冰传到中国，北京、天津、哈尔滨、长春、沈阳等城市的学校，已有学生参加了花样滑冰运动。1935 年，在北京举行的滑冰比赛上，已有花样滑冰表演赛。1942 年冬天，延安的延河上举行了冰上运动会，进行了花样滑冰的图形和自由滑表演。中华人民共和国成立后，北方一些城市的大、中、小学开展了花样滑冰运动。在群众性花样滑冰广泛开展的基础上，1953 年 2 月，哈尔滨举行了第一届全国冰上运动大会，花样滑冰被列为比赛项目。1953—1980 年，共举行过 25 次全国性花样滑冰比赛。1979 年 10 月，中国花样滑冰运动员参加了 NHK（日本放送协会）杯国际邀请赛。1980 年 2 月，28 名中国冰雪健儿出征在美国普莱西德湖举行的第十三届冬奥会。与其他项目一样，中国花滑选手在赛场上的竞争力不强，男子单人滑的许兆晓在 17 名选手中仅列第 16 位，女单选手包振华则在 22 名选手中垫底。1980 年 3 月，中国选手参加了第七十届世界花样滑冰锦标赛。1984 年，中国参加了萨拉热窝冬奥会，许兆晓和包振华的名次均有小幅提升，前者在 23 名男单选手中列第 18 名，后者摆脱了“副班长”的头衔，但实力在参赛选手中仍然属于末流。在这届冬奥会上，中国选手首次参加了双人滑和冰上舞蹈的比赛，但栾波/姚滨、奚鸿雁/赵晓雷分别在这两个项目垫底。1984—1985 年，中国花滑男单选手先后两次奏出强音，先是许兆晓在 1984 年匈牙利的国际花样滑冰邀请赛上力挫群雄，后是张述滨在 1985 年的冬季大运会上摘取金牌。获得这两个国际比赛的冠军，在国内引起了不小震动，但从严格意义上讲，这两项赛事的含金量均不高，中国选手仍然没有改变在花滑世界的落后位置。1988 年的卡尔加里冬奥会，国手们在男单、双人、冰上舞蹈上的成绩仍列末位。

中国花滑首次让世界冰坛感到震惊的，是一位名叫陈露的中国女孩。陈露是在 11 岁就完成过三个三周跳的天才选手，当时有些国内行家预言，陈露很有可能会在欧美人苦心经营的花样滑冰长城上打开一个缺口。在教练员李明珠的精心教导下，短短三年过后陈露就在 1990 年的世青赛上勇夺女单亚军。1992 年，陈露先后获得冬奥会第 6 名、世锦赛第 3 名，在世界舞台上全面展示了中国花滑运动的新形象。此后几年，陈露在世锦赛上摘金夺银，并在 1994 年、1998 年两届冬奥会上连续获得第 3 名，为中国花滑运动在世界赛场上争得一席之地。从此，中国选手成为世界花滑界的主要力量之一。就在陈露退出冰坛的 1998 年长野冬奥会上，一对中国双人滑选手引起了世人的关注，他们就是申雪和赵宏博。25 岁的赵宏博和 20 岁的申雪在这届赛会上勇夺双人滑第 5 名，改变了中国双人滑选手冬奥会逢赛必垫底的尴尬史，成为继陈露之后中国再次涌现出的两位世界级高手。1999—2002 年，申雪和赵宏博先后取得世锦赛亚军、NHK 杯冠军、世界花样滑冰大奖赛总决赛双人滑冠军和盐湖城冬奥会第 3 名等佳绩，成了国际冰坛公认的超级明星。与陈露不同的是，申雪和赵宏博并不是独自作战，他们的恩师姚滨，也就是在 1984 年萨拉热窝冬奥会双人滑垫底的那位男选手，在盐湖城冬奥会的准备周期先后培养了庞清/佟健、张丹/张昊这两对优秀的组合，他们在盐湖冬奥会的双人滑比赛中分别获得第 9 名和第 11 名。中国双人滑的时代呼之欲出！经过又一个四年的努力，中国双人滑选手已经把目标瞄准在冬奥会的金牌上了。然而，天有不测风云。2005 年 8 月初的一堂训练课上，赵宏博在练习旋转时突然跌倒，这不是一次普通的动作失误，让他跌倒的原因是左脚跟腱断裂。当时距离都灵冬奥会仅剩半年时间，对一心想创造辉煌的赵宏博来说，这无异于晴天霹雳。凭借战胜伤病、进军冬奥会的勇气和决心，赵宏博在离开冰场后的第 88 天，又神奇地站在了冰场上，重新与申雪拉上了手。都灵冬奥会，三对中国双人滑组合刮起了一股强烈的旋风，虽然伤病等原因使申雪/赵宏博无法一圆冬奥会的金牌梦想，张丹/张昊因动作失误未能成功冲顶，但张丹/张昊、申雪/赵宏博和庞清/佟健这三对中国选手跻身四强，形成了对“花滑王国”俄罗斯的合围之势，这一成绩足以震撼国际体坛。一个月后，庞清/佟健和张丹/张昊在世锦赛上包揽金、银牌，创造了中国双人滑的又一个纪录。

2009 年 10 月底，花样滑冰中国大奖赛在北京举行，淡出两年有余的申雪/赵宏博重新回到赛场，以 200.97 的高分摘取金牌。两位老将的强势复出，改变了前两年中国花滑选手一直被德国优秀组合萨维琴科/索尔科维压制的状况。半个月后的美国大奖赛，申雪/赵宏博再次笑到最后。年底的大奖赛总决赛，申雪/赵宏博携手庞清/佟健，双双击败近两届世锦赛的冠军萨维琴科/索尔科维，申雪/赵宏博 214.25 的总分甚至刷新了国际滑联的最高分纪录。这是中国花滑选手首次在冬奥会前夕占据如此有利的位置，种种迹象显示，冬奥会金牌近在咫尺。果然，温哥华冬奥会成为中国花滑选手夺金的见证地。在短节目比赛中，申雪/赵宏博以微弱的优势领先萨维琴科/索尔科维，庞清/佟健则紧随川口优子/斯米尔诺夫之后。谁能问鼎这届冬奥会金牌，一时似乎难见分晓。两强相遇勇者胜，在巨大的压力下，萨维琴科/索尔科维、川口优子/斯米尔诺夫等主要对手纷纷出现失误，而庞清/佟健以一套几乎无瑕疵的表演完成了全套动作。随后，申雪/赵宏博在自由滑上的出色发挥，使双人滑冠、亚军悉数落在中国选手名下。申雪/赵宏博、庞清/佟健，这两对征战多届冬奥会的老将，在温哥华赛场上用一个完美的句号，共同创造了中国冰雪运动的新辉煌。

北京 2022 年冬奥会的花样滑冰比赛将在北京赛区的首都体育馆进行。首都体育馆作为北京 2022 年冬奥会冰上项目的比赛场馆，将承担冬奥会短道速滑和花样滑冰的比赛任务。首都体育馆于 2018 年底前开始改造，根据改造方案，它的外观从传承保护的角度不会有大的变化，但内部将通过最新的声光电技术实现“最美的冰”的理念。这使其不但可以在花样滑冰和短道速滑比赛时营造梦幻的竞赛体验，而且可以为赛后的群众性冰雪运动提供良好的运动氛围和视觉引导。此外，首都体育馆改造后将成为一个以六个主要建筑为核心的运动园区，具体包括一个竞赛馆、一个滑冰馆、两个训练馆、运动员公寓和赛事中心。

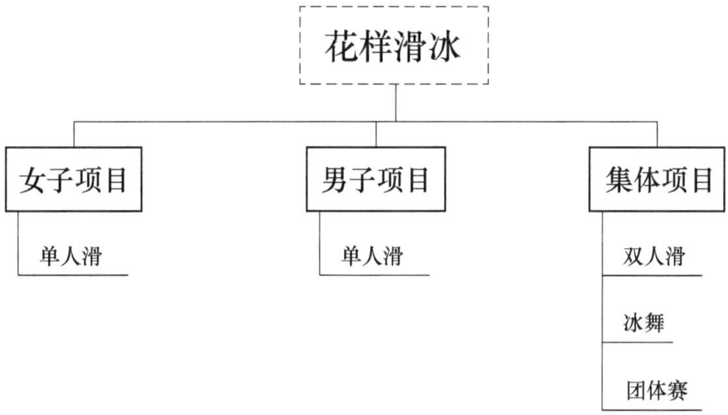

北京 2022 年冬奥会花样滑冰项目

3.7 冰球

冰球，亦称“冰上曲棍球”，是将多变的滑冰技艺和敏捷娴熟的曲棍球技艺相结合，是对抗性较强的集体性冰上运动项目之一，也是冬季奥运会的正式比赛项目。两队运动员足蹬冰刀，手持球杆，在设有界墙的冰场上争夺一扁圆球，将球击入对方球门得分。球一般用硬橡胶制成，厚 2.54 厘米，直径为 7.62 厘米，球重 156～170 克。比赛时每队上场 6 人，前锋 3 人，后卫 2 人，守门员 1 人。运动员用冰杆将球击入对方球门，以进球多者为胜。

冰球运动起源于 19 世纪中叶。1855 年加拿大的金斯顿流行一种冰上游戏，参加者脚上绑着冰刀，手持曲棍，在冰封的湖面上追逐打击用圆木片制成的圆球，两根竖起的木杆作为球门，参加者要把球击进球门，参加人数不限。这种游戏当时在新英格兰及北美的其他地方很流行，人们会在室外结冰的池塘中进行这种自发的、无严格纪律的游戏，既无固定的场地，也没有特定的器材设备，更无规则。这就是现代冰球的前身。

1855 年 12 月 25 日，在加拿大金斯顿举行了首次冰球比赛，1858 年这项运动传至欧洲。1860 年，加拿大开始使用橡胶制成的盘形冰球。1875 年 3 月 3 日，人们在加拿大蒙特利尔的维多利亚冰场举办了第一次正式的冰球赛，比赛在麦克吉尔大学的两支队伍间进行。当时，每支球队有 30 名队员在场。1879 年，加拿大麦克吉尔大学的学生罗伯逊和教授史密斯共同制定了冰球的比赛规则，规定每队的比赛人数为 9 人。

自此，冰球迅速成为加拿大民间最流行的冬季运动项目。1885 年，加拿大第一个业余冰球协会成立，爱好冰球的人均可参与其中。发展到这个阶段，运动员已经开始使用更多的护具来保证自身的安全，如守门员用上了护腿板，也戴上了面罩。之后，冰球传到了美国及欧洲大陆。1893 年，加拿大冰球队首次赴美表演。1902 年，欧洲第一个冰球俱乐部在瑞士的莱萨旺成立。1908 年，国际冰球联盟在巴黎成立，后改名为国际冰球联合会，总部设在瑞士苏黎世。1910 年举行的第一届欧洲冰球锦标赛，英国获得冠军。7 年后，国家冰球联盟成立，当时只有 6 支球队参赛。近些年，它已经成为世界上最成功的职业化和商业化体育联盟之一，在世界范围内的影响也越来越大，国家冰球联盟的奖杯——斯坦利杯也成为具有传奇色彩的荣誉象征。1912 年，加拿大国家冰球协会首创六人制打法，并被国际冰球联合会沿用至今。

第一支职业冰球队——蒂湖队，在美国密歇根州成立。1904 年美国成立了国际职业冰球联盟。1908 年，欧洲成立了国际业余冰球联合会，该联合会的首次比赛于同年在苏格兰的格拉斯哥举行，英国、波希米亚、瑞士、法国和比利时为最初的 5 个会员国。

冰球于 1920 年在第七届夏季奥林匹克运动会上被列为正式比赛项目。从 1924 年开始，冬季和夏季奥运会分开举行，冰球成为冬季奥运会的主要项目之一。国际冰球联合会根据比赛成绩，将所有会员国按冰球运动水平的高低划分为 A 组、B 组、C 组，A 组 6 支队，B 组 8 支队，其余为 C 组。A 组可参加奥运会冰球比赛和世界冰球锦标赛。三个组之间按每年的比赛成绩实行升降级制度，即 A 组、B 组的最后 2 名翌年分别降入 B 组、C 组；B 组、C 组的前 2 名翌年分别升入 A 组、B 组。冰球比赛在同一组别的两个队间进行。运动员在被界墙围起来的冰球场内按规则运用滑行、运球、传球、射球、身体阻截等技术，在战术配合下相互攻守，力争用球杆将球射入对方球门。冰球比赛的 2 名场上裁判员共同控制整个比赛，各负责一个半场。边线裁判员主要负责打出越位信号。

每队有队员 20 人，双方各上场 6 人，有守门员、左后卫、右后卫、左前锋、右前锋和中锋。运动员穿冰鞋，手持冰杆，身穿国际冰球联合会规定的护胸、护肘、护裆、护腿、头盔等护具。比赛每射中 1 球得 1 分，每场比赛 60 分钟，分 3 局进行，每局实际比赛 20 分钟，中间休息 15 分钟。比赛进行中可以不通过裁判员随时替换队员和守门员。运动员不许用球杆打人、用拍刃刺人或用杆柄杵人、钩人，不准抱人、绊人、横杆拦人、抛扔球杆、用肘顶人、用脚踢人，不许干扰裁判员和工作人员。违者将根据情节给予小罚、大罚、取消比赛资格、罚任意球等判罚。防守队员可以用肩、胸、臀部对控制球的进攻人员进行合理冲撞，也可用身体贴挤和阻挡。同队队员可在一个区域内互相传球，但不能从守区向位于前半场的同队队员传球，违者将被判为越区传球。攻方队员先于球进入进攻区则为越位。

男子冰球在 1920 年首次出现在夏季奥运会赛场上，后来人们将该届奥运会的冰球赛追认为首届世界冰球锦标赛。1924 年，冰球被划入冬季奥运会项目。前四届冬奥会上，冰球的发源国加拿大蝉联冠军；第二次世界大战之后苏联开始了漫长的垄断，直到 20 世纪 90 年代初苏联解体，冰球运动一枝独秀的局面才被打破。此后两届奥运会，欧洲国家包揽了该项目的金牌，1994 年利勒哈默尔冬奥会夺冠的是瑞典，1998 年长野冬奥会夺冠的是捷克（本届冬奥会首次向国家职业冰球联盟的球员敞开大门）。

女子冰球项目直到 1998 年长野冬奥会才进入冬奥会，该届冬奥会上，美国击败加拿大，摘得了冬奥会历史上首枚女子冰球金牌。四年后，加拿大以实力战胜美国，夺得冠军。

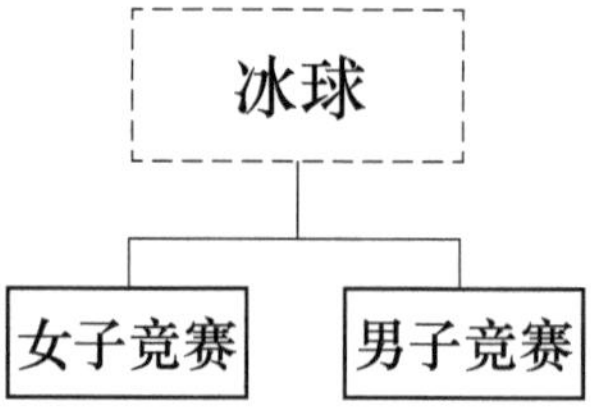

北京 2022 年冬奥会冰球项目

3.8 单板滑雪

单板滑雪是现代冬季极限运动的标志性项目之一，起源于 20 世纪 60 年代美国的密歇根州。当时，一位名叫舍曼·波潘的工程师将两支雪板绑在一起，从坡上滑下，并将其称为“Snurfer”，有人将其译为“雪上冲浪”。60 年代中期到 70 年代，这种“雪上冲浪”被作为休闲的游戏广泛推广，随着参与者数量的不断增多，相关赛事的开展呼之欲出。1981 年，美国科罗拉多州举行了第一次正式的单板滑雪比赛，受到了热烈关注。1990 年国际单板滑雪联盟（ISF）成立。1998 年日本的长野冬奥会将单板滑雪正式纳入冬奥会的比赛项目，当时仅有 U 型场地技巧项目和大回转项目。2002 年的盐湖城冬奥会将大回转项目改为双人平行大回转项目，2006 年的都灵冬奥运会将障碍追逐项目纳入冬奥会正式比赛项目，2014 年的索契冬奥会将坡面障碍技巧项目纳入冬奥会，2018 年的平昌冬奥会把大跳台项目纳入冬奥会，2022 年的北京冬奥会也确定将障碍追逐混合团体项目纳入冬奥会。从 1998 年最初的单板滑雪项目到第十八届长野冬奥会的两项，再到北京 2022 年冬奥会的 U 型场地技巧、坡面障碍技巧、平行大回转、大跳台、障碍追逐、混合团体障碍追逐，其关注度与影响力已非其他项目可比。

（1）U 型场地技巧（Halfpipe）

U 型场地技巧项目的比赛在 U 型雪槽中进行，场地长 150～170 米，宽 18～22 米，深 6.7 米，坡度为 17～18 度。比赛时，运动员沿赛道槽壁，从一侧滑行至另一侧，利用速度和惯性在空中完成各种难度动作，如正脚抓板、反脚抓板、空翻、内旋转体、外旋转体等。如果运动员在动作难度上采用反脚动作多，且达到一定高度，难度系数大、动作优美、连贯性强，就会取得高分。在离开赛道腾空的过程中完成动作，裁判员会根据运动员的腾空高度、动作难度、动作的连续性和完成效果进行评分。单板滑雪 U 型场地技巧的比赛由预赛和决赛组成，根据运动员预赛的两次滑行成绩，取最好的一次作为最终成绩，前 12 名选手进入决赛，决赛中每名运动员有三次机会。决赛出发以逆序从预赛的最低顺位开始，预赛成绩最高的最后出发，以三轮比赛的成绩决定最终名次。

（2）坡面障碍技巧（Slopestyle）

坡面障碍技巧项目的场地由一系列障碍跳台、铁杆、平台构成，赛道由道具区和跳台区组成。冬奥会的赛道高差最少为 150 米，平均坡度在 12 度以上，赛道宽度至少为 30 米，由 6 个以上的赛段（地形+跳跃）和 3 个以上的跳台构成。运动员必须利用障碍（道具杆、轨道或连接段）做各种动作。在坡面跳跃段中，选手们需要利用跳台腾空，做出各种抓板、转体、空翻等动作，动作要有难度、要新颖。单板滑雪坡面障碍技巧的成绩取决于裁判员的总体印象分，主要的考评项目包括动作难度、动作完成情况、动作的多样性、动作编排及动作的创新性。总分 100 分，其中 60 分障碍分（60 分对应 6 个道具，各 10 分），40 分整体分。预赛两轮，取最好成绩进行排名，女子前 6 名、男子前 12 名进入决赛；决赛两轮，取最好成绩进行排名。

（3）平行大回转（Parallel Giant Slalom）

单板平行大回转项目滑行线路的长度为 400～700 米，宽度至少为 40 米，落差 120～200 米，一般设置 18～25 组旗门，分红色旗门和蓝色旗门两条赛道。两条赛道的长度、坡度和旗门位置要保持高度一致。比赛时，每组的两名运动员同时出发，分别为单数红道，双数蓝道。单板平行大回转的比赛名次以滑行速度（效率）评定，在不犯规的情况下，最先通过终点的运动员为获胜者。比赛以抽签的方式决定运动员的出发顺序，两人在相对并行的赛道上同时出发，进行两轮比赛，比赛进行到第二轮时运动员需要交换赛道，并且先出发的运动员是在第一轮比赛中领先的运动员，在第二轮比赛中率先抵达终点的选手为获胜者。

（4）大跳台（Big Air）

大跳台项目场地的起跳台高 40 米，雪道长 138 米，宽 8 米，分为助滑区、起跳台、着陆坡和停止区 4 个部分。运动员从助滑区沿坡滑行而下，通过起跳台起跳，完成各种正脚空翻、反脚空翻、内旋转体、外旋转体、抓板等技术动作。预赛两轮，取最好成绩进行排名，女子前 6 名、男子前 12 名进入决赛。大跳台的决赛共三轮，将三轮比赛中较好的两轮成绩相加作为总成绩。其中，运动员完成技术动作后的着陆至关重要，若手摸地、动作不稳定、身体触雪而非雪板先着地，都将根据标准扣除相应的分数。

（5）障碍追逐（Snowboard Cross）

障碍追逐项目场地的赛道长 1050 米（±150 米），落差 130～260 米，平均坡度 12 度，总宽度 40 米，场地设有波浪道、雪坝、弯道、跳台等。在赛道两侧设有旗门，旗门与单板平行大回转项目的旗门相同，由较短的内侧转向杆和较长的外杆组成三角形的旗门，旗门一般是红色和蓝色交替插放。比赛时，每组由 4～6 名运动员构成，运动员同时出发后，需要在滑行中通过波浪道、雪坝、弯道、跳台等由多种地形和障碍物组成的赛道，最先通过终点线的选手获胜。资格赛参照两轮预赛的时间进行排名，前 26 或 32 名晋级决赛，每组由 4～6 名运动员构成，其中的前 2～3 名晋级下一轮比赛。滑行时，推拉或者有身体接触、阻挡其他运动员滑行、摔倒或离开雪道都是不被允许的。

（6）混合团体障碍追逐（Mixed Team Snowboard Cross）

混合团体障碍追逐的比赛场地与障碍追逐没有差异，但是参加混合团体比赛的每支队伍应由 2 名运动员（1 名男子运动员和 1 名女子运动员）组成。

混合团体比赛采用计时赛赛制，所有参赛队通过抽签方式分组，分在同一组的队伍在计时赛中同时出发。分别统计各参赛队用时后统一排名，计时赛成绩排名前 4 的参赛队入围最终决赛。通过最终决赛决出 1～4 名，其余参赛队根据计时赛阶段的成绩排名。

我国引入单板滑雪的时间较晚，2003 年 2 月国家体育总局冬季运动管理中心派专人赴日本研修单板滑雪，这是我国首次组织专业人员正式接触和学习单板滑雪，也标志着竞技单板滑雪被引入我国。2003 年我国东三省（黑龙江、吉林、辽宁）相继成立专业队，建造了 5 个比赛标准的专业场地。2005 年我国单板滑雪 U 型场地技巧国家队成立。2004—2005 年，国家体育总局冬季运动管理中心大众滑雪部大力开展大众单板滑雪竞赛，积极推动我国单板滑雪的推广工作。与此同时，单板滑雪俱乐部等民间运动组织的数量不断增加，极大地推进了单板滑雪运动的普及。2008 年我国组建了单板滑雪平行大回转项目国家队，2016 年我国单板滑雪坡面障碍技巧和大跳台国家队成立。

我国的单板滑雪项目虽发展较晚，但发展速度迅猛，近年来也取得了一些成绩。自 2005 年单板滑雪 U 型场地技巧国家队成立以来，我国在该项目上取得了很大突破。同年，我国运动员首次参加世界大学生冬季运动会，女运动员潘磊获得了银牌。2006 年 2 月，女运动员潘磊和孙志峰第一次代表中国参加冬奥会此项目的比赛。2009 年，刘佳宇获得女子单板滑雪 U 型场地的世锦赛冠军，随后在 2010 年的温哥华冬奥会上获得第 4 名，还在 2018 年的平昌冬奥会上取得历史性突破，获得了银牌。与此同时，男子单板滑雪运动员的水平也逐渐提高，张义威获得了 2014 年索契冬奥会的第 6 名。迄今为止，我国单板滑雪 U 型场地项目的运动员已取得了包括世锦赛和世界杯在内的近 20 个世界冠军，成绩斐然。

单板滑雪平行大回转项目国家队自成立以来也得到了快速成长，宫乃莹、臧汝心和徐小小获得了2018年平昌冬奥会的入场券。2019年2月，宫乃莹获得2018—2019年国际滑雪联合会单板滑雪平行项目世界杯女子平行大回转比赛的冠军，为我国赢得了该项目的第一个世界杯金牌。我国选手在技巧型项目中也具有较大突破，但由于各项目的引入时间较短未能形成成熟的培养体系，单板滑雪的整体水平不高，正处于快速发展阶段，未来还有较大的发展空间。

北京2022年冬奥会将云顶滑雪公园的滑雪场作为自由式滑雪和单板滑雪比赛场地，2021年的自由式滑雪及单板滑雪世锦赛也将在这里举行。云顶滑雪场位于河北省张家口市的崇礼区，距北京220公里，高铁建成后从北京到崇礼仅需50分钟，规划高速公路的车程为1小时20分钟。崇礼年平均气温3.3摄氏度，积雪可达150天，交通便利，气候宜人。该雪场整体规划88条总长度约70公里的滑雪道，配套22条总长度约30公里的缆车。云顶滑雪场已完成一期建设，滑雪面积达到88.5万平方米。建成雪道41条，其中13条高级道，20条中级道，2条初级道，6条野雪道，还配备了5条具备电加热座椅的高速缆车。U型场地技巧、坡面障碍技巧、平行大回转、大跳台、障碍追逐、混合团体障碍追逐6个项目的比赛将在此进行，将产生20枚金牌。

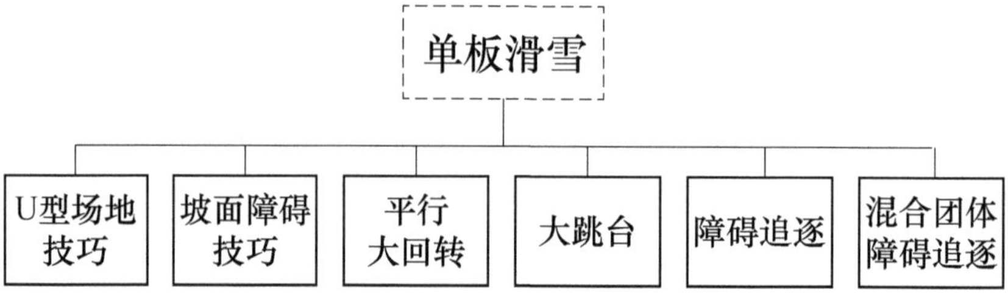

北京2022年冬奥会单板滑雪项目

3.9 高山滑雪

高山滑雪又称“阿尔卑斯滑雪”，是一项充满速度与激情的运动。运动员从高山之巅出发，以滑雪板和滑雪杖为工具，进行滑降、回转、大回转、超级大回转。高山滑雪诞生于1907年，也就是从第一个高山滑雪运动组织、英国的阿尔卑斯山滑雪俱乐部创立时开始的。它是在越野滑雪的基础上孕育形成的，是雪上运动的一个分支。在1936年第四届德国加尔施–帕滕基兴冬奥会上正式成为冬奥比赛项目，当时高山滑雪只有全能一个项目的比赛；1948年的瑞士圣莫里茨冬奥会将全能项目中的速降和回转项目单独列出，成为高山滑雪的比赛项目；1952年的奥斯陆冬奥会将大回转项目纳入正式的比赛项目；1988年的卡尔加里冬奥会将超级大回转纳入高山滑雪的比赛项目；2018年的平昌冬奥会又将团体赛项目增入其中。至此，北京2022年冬奥会的高山滑雪项目将进行超级大回转、大回转、回转、速降、全能、混合团体6项比赛。

（1）超级大回转（Super G）

超级大回转是快速滑下斜坡并以“之”字形滑行通过标注旗门（Gate）的项目。超级大回转与回转、大回转项目不同，仅通过一次滑行便决定最终成绩。比赛场地宽约30米，起点与终点的垂直高度差，男子为500～650米，女子为400～600米；旗门的数量，男子最少35个，女子最少30个；旗门的最大数量等于垂直高度差的10%；相邻两个旗门绕行杆间的距离至少应为25米。

（2）大回转（Giant Slalom）

大回转比赛的场地多坡并呈波浪形，其宽度至少为30米。男子比赛线路的长度为1500～2000米，女子为1000米以上；起点与终点的高度差，男子为300～400米，女子为250～350米；旗门数应是高度差的12%～15%，旗门宽4～8米，最近两个上下连续门的旗门杆的距离不得少于10米。大回转比赛一般须进行两轮滑行，第二轮滑行可在同一场地进行，但旗门必须重新设置。两轮滑行的成绩相加，时间少者名次列前。比赛前允许运动员从上往下察看线路，但不能着滑雪板从上往下模拟滑行。此项运动是速度和技巧的结合，运动员在滑行过程中左右盘旋，非常精彩，所以，深受广大观众的欢迎。

（3）回转（Slalom）

回转项目比赛的场地应建在坡度为20～27度的山坡上，场地宽不得小于40米。比赛的滑行路线长度，男子为1000～1500米，女子为1000米以上；起点与终点的高度差，男子为140～220米，女子为120～180米；旗门的数量，男子 55～75 个，女子 45～60 个。每个旗门由两面旗和两根旗杆组成，红、蓝旗门要交替插设，旗的规格为 24 厘米×22 厘米。两个旗门的最小距离不得少于 0.75 米，旗门的宽度为 4～6 米。旗门的设置应包括开口旗门（两个旗门杆的连线与线路方向垂直）、闭口旗门（两个旗门杆的连线与线路方向平行），以及 1～4 个由 3～4 个旗门组成的旗门组，如蛇形门、螺旋门、三角门、菱形门等。运动员要快速从山上向下沿线路连续转弯，穿越各种门形，回转比赛的成绩以在两条不同线路各滑行一次的成绩相加，时间少者名次列前。

（4）速降（Downhill）

速降又称滑降，场地线路长 2000 米以上，坡度为 5～35 度，平均坡度为 20 度；起点与终点的高度差，男子为 800～1100 米，女子为 500～800 米，是所有项目中线路最长、滑行速度最快的。为确保速降比赛运动员的安全，除了要在线路两侧插足够的红色和绿色指示旗外，还必须在重要的地段（如危险、坡度转换、颠簸、转变处及运动员易滑错方向的地段）设置旗门。旗门的宽度不得少于 8 米，上下旗门的间距一般为 30 米左右。运动员要从山顶按规定线路穿过用旗插成的门形向下滑行。运动员必须让至少一只滑雪板的前端和双脚都通过旗门线，方为正确通过旗门。以滑降两次的时间计算成绩，决定名次。技术动作有直滑降、斜滑降、乙形滑降、起伏地滑降、犁式和半犁式滑降等，身体姿势分高、中、低 3 种。

（5）全能（Alpine Combined）

全能项目包括速降和回转两项比赛，先进行速降比赛，后进行回转比赛。两项比赛成绩相加，时间少者名次列前。

（6）混合团体（Alpine Mixed Team Event）

混合团体项目要在大回转的赛道上进行，是用大回转旗门进行的平行回转的比赛。旗门间距比回转项目长，比大回转项目短，比赛在 250～300 米的赛道上进行。一个团队（国家）由 2 名男子、2 名女子组成；先进行名次赛，排名前 16 的队伍再进行淘汰赛，然后对应角逐得出排名。

中国高山滑雪项目获得的世界级成绩并不理想。因为这个项目对场地和雪质的要求较高，加上它又是欧美长年垄断的大项，所以，中国高山滑雪的水平很难得到提升，项目开展十分困难。中国队在2014年索契冬奥会上，只有张宇欣和夏丽娜两名选手参赛。作为国内高山滑雪最高水平的选手，夏丽娜在该届冬奥会高山滑雪女子大回转的比赛中最终列第66位，排在所有完赛选手的倒数第2位。2017年2月22日，第八届亚冬会结束了第四比赛日的争夺，中国选手全力发挥，从亮以2分28秒5获得第12名，徐铭甫以2分29秒6获得第13名；2019年3月20日，国际滑雪联合会高山滑雪积分赛男子滑降比赛在法国奥龙滑雪场举行，从亮最终以1分41秒24名列第57位，张晓松以1分36秒91、第45名的成绩完赛；2020年第三届冬季青年奥林匹克运动会，高山滑雪男子大回转的比赛在瑞士莱迪亚布勒雷高山滑雪中心进行，中国选手易骁飏以2分27秒44的成绩列第43位。虽然高山滑雪目前在我国的发展处于困难期，但是作为雪上项目的基础大项，运动员在滑行过程中左右盘旋，速度、激情融为一体，非常具有观赏性，值得推广。随着北京2022年冬奥会的临近，我国高山滑雪运动将迎来更好的机遇，在多年的困境中，中国高山滑雪有望迎来自己的春天。

北京2022年冬奥会的高山滑雪比赛将在延庆赛区进行，国家高山滑雪中心依托小海坨山，将规划建设7条雪道，全长21公里，落差约900米。届时将举行速降、超级大回转、大回转、回转等项目的比赛。国家高山滑雪中心的雪道将是国内最高等级的高山滑雪赛道，也是国内唯一符合冬奥会标准的赛道，它位于北京延庆区西北部，距离奥运村8000米，行车10分钟。赛场提供观众座席5000个、站席3500个。延庆赛区共有5个竞赛、非竞赛场馆，将进行3个大项（高山滑雪、雪车、雪橇）、4个分项（高山滑雪、雪车、钢架雪车、雪橇）、20个小项的比赛。延庆赛区的建设将会带动周边地区交通及市政基础设施的建设，为该区域的发展创造条件；场馆建设也会尽量与环境结合、减少工程量、节省投资。延庆赛区的奥运村可容纳运动员和随队官员1430人。

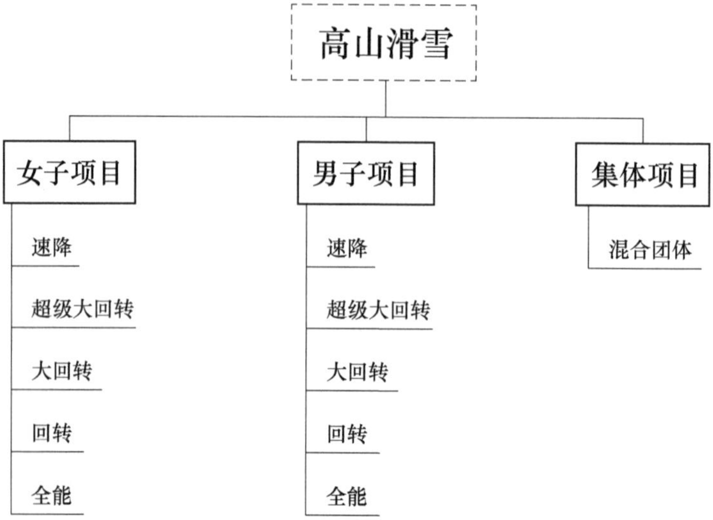

北京 2022 年冬奥会高山滑雪项目

3.10 北欧两项

北欧两项是由越野滑雪和跳台滑雪组成的一种混合型雪上竞技项目。它起源于北欧，斯堪的那维亚半岛冬季雪多，适于开展滑雪运动，但因为缺乏阿尔卑斯山脉那样的高山，高山滑雪运动不够普及和发达，但越野滑雪和跳台滑雪却得到了较好的发展。因此，当地便出现了既要求越野滑得快，又要求跳雪跳得远的北欧两项。这个项目到目前为止是冬奥会上唯一一个只设男子比赛的项目。早在 1924 年法国夏蒙尼第一届冬季奥运会，北欧两项就被列为比赛项目，1984 年以前只设个人赛，1988 年起增设团体赛，2002 年盐湖城冬奥会开始增设了大跳台项目。比赛按跳台滑雪、越野滑雪的顺序进行，开始时跳台滑雪的标准台为 70 米，1992 年改为 90 米；越野滑雪原为 18 公里，1956 年起改为 15 公里。原来确定名次会根据单项成绩换算得分，得分高者名次列前。冬奥会先比跳台再比越野，中间相隔 2～3 个小时，以利于运动员恢复体力。1992 年的冬奥会对该项目进行了调整，个人赛的第一天进行跳台滑雪，每人跳 2 次，以姿势得分和距离得分相加得到总成绩，第二天进行越野滑雪比赛。

（1）个人赛

运动员需在 90 米高的标准台进行跳台滑雪，完成 15 公里的越野滑雪。运动员会于第一天进行跳台滑雪，每位运动员跳 2 次，以姿势得分和距离得分计算运动员的总成绩。在姿势得分方面，5 位裁判员会从运动员由开始起动至落地时的准确性、完美性、稳定性和整体稳定性等方面进行严格的评分（由 0 分到 20 分），把最好和最差的成绩去掉，将剩下的 3 个分数相加，最高的限额分为 60 分。在距离得分方面，若运动员在跳跃后未能到达“K 点”（原定目标），则会将距离乘以每米分值（1 米 2 分），在原来的得分中扣减。但如超过原定目标的“K 点”，则将距离乘以每米分值，在原来的得分中增加，得到第一天的总成绩，得分愈高排名愈前。第二天是决赛日，以第一天的成绩决定运动员在越野滑雪比赛中的出发顺序和间隔时间，每落后 1 分，推迟 4 秒出发，进行 15 公里的滑行，最早到达终点的就是优胜者。

（2）竞速赛

竞速赛形式类似标准台个人赛：运动员要在 120 米高的跳台上进行跳台滑雪，然后完成 7.5 公里的越野滑雪。比赛进行两天，第一天为跳台滑雪，第二天为越野滑雪。进行跳台滑雪时所有的运动员只有 1 次跳台的机会，这是与个人赛最不同之处，但也是以姿势得分和距离得分进行评分，以总成绩的高低作为第二天比赛的出发次序。第二天的越野滑雪与个人赛相同，都是以第一天的成绩决定运动员在越野滑雪比赛中的出发顺序和间隔时间，每落后 1 分，推迟 4 秒出发，进行 7.5 公里的越野滑雪，按到达终点的先后排列名次。

（3）团体赛

团体赛中，先进行跳台滑雪，之后为越野滑雪，运动员要进行 90 米高的跳台滑雪，在越野滑雪中每人滑行 5 公里。跳台滑雪每队有 4 名运动员，依出场顺序分别佩戴红、绿、黄、蓝色的号码布，不可更改，运动员按先后次序出发，每位运动员都有两跳，每跳以姿势得分和距离得分评分，一队共有 8 个得分，8 个得分会被合并计算。越野滑雪举行接力赛，第 1 名运动员的出发顺序和间隔时间由跳台滑雪全队的总分决定，每落后 1 分，推迟 1.33 秒出发，滑行 5 公里。所有队伍的第 2 名、第 3 名和第 4 名运动员在接棒区等候，成功交接后便可出发，以第 4 名运动员到达终点的顺序排定名次。在接力中要注意的是，每队运动员的排名次序一定要与第一天参加跳台滑雪运动员的出场次序一样，不可作出改变。

我国练习北欧两项的选手为数不多，2009 年的世界大冬会，中国选手首次参加北欧两项的比赛，在北欧两项 K90 团体赛中排第 7 名，孙建平、李超和杨光在跳台和越野比赛中均位列第 7。随后的 2010 年冬奥会和 2014 年冬奥会，均未有中国选手参加该项目的比赛。2016 年，国家体育总局出台了《备战 2022 年冬奥会项目布局实施方案》。同年 9 月，国家体育总局冬季运动管理中心与黑龙江省体育局签署了《共建国家北欧两项队合作协议》，北欧两项国家队成为第一支落实签约的共建队伍，已经着手进行队伍组建和集训工作，积极备战北京 2022 年冬奥会，至此正式开启了中国在北欧两项上的征程。2019 年北欧世界滑雪锦标赛在奥地利西部因斯布鲁克的塞费尔德举行，中国队的 2 名小将赵子贺和赵家琪获得第 15 名。由于该项目被引入中国的时间较短，未能形成成熟的培养体系，因此我国的北欧两项整体还处于发展阶段。

国家跳台滑雪中心和国家越野滑雪中心，将分别作为北京 2022 年冬奥会北欧两项的跳台滑雪和越野滑雪比赛场地。国家跳台滑雪中心主要由顶峰俱乐部、竞赛区及看台组成，它的主体建筑灵感来自中国传统饰物如意，因此被形象地称作“雪如意”。国家跳台滑雪中心共设计两条赛道，分别由落差 136.2 米的大跳台赛道和落差 114.7 米的标准台赛道组成。位于山下的看台区也是“雪如意”的一大亮点，其面积相当于一个标准足球场。此外，酷似祥云的“雪如意”顶峰俱乐部也将为观众提供独特的视角。国家越野滑雪中心占地面积 120 公顷，由 9.7 公里的赛道和场馆运行综合区、转播综合区、场馆媒体中心、运动员综合区等功能区组成。场馆“技术楼”建在地下一层，为兴奋剂监测站，首层主要满足竞赛管理功能，二层为平台，三层为奥林匹克大家庭，四层为仲裁、计分及计时等比赛技术用房。届时，北京 2022 年冬奥会将在这里产生北欧两项的 3 枚金牌。

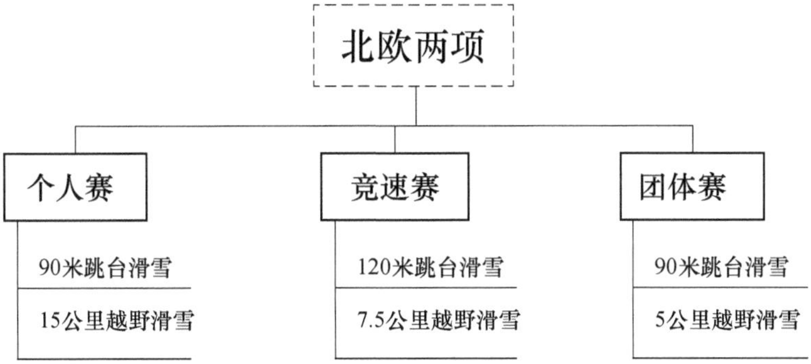

北京 2022 年冬奥会北欧两项项目

3.11 雪橇

（1）有舵雪橇（Bobsleigh）

有舵雪橇又称雪车或长雪橇，为雪橇运动项目之一，是一种集体乘坐雪橇，利用舵和方向盘在人工冰道上滑行的运动。它的平均滑行速度可达 145～150 公里/时，最高时速可达 251 公里。有舵雪橇以金属所造，外形为流线型，底部有一对舵板和一对固定的平行滑板，在雪橇后的是制动器，雪橇内部有一个方向盘。在比赛中，有舵雪橇的运动员必须穿上比赛服、护肩、护肘、头盔、专用钉靴（靴钉要平均分布于靴底，长度不可超过 14 毫米，间隔要小于 3 厘米）。有舵雪橇的滑道以混凝土或木材建成，宽度为 1.4 米，两侧均为护墙，护墙内侧高 1.4 米，外侧高 2～7 米。滑道及两侧的护墙均需浇冰，比赛线路的长度为 1300～2000 米，全程设有 15～20 个弯道，弯道半径的最低下限为 20 米，滑道的平均坡度为 4 度 30 分～8 度 30 分，起点至终点的高度差为 100～150 米。

有舵雪橇在第一届冬奥会上被列为正式比赛项目。由于有舵雪橇项目的器材较昂贵，在早期的冬季奥运会中通常只有欧洲的发达国家参与。1883 年英国人把平底雪橇装上了橇板，并于第二年举行了公开比赛，吸引了许多人参加。1890 年，爱好者们又制成装有金属舵板和制动闸的雪橇，后被称为有舵雪橇。1898 年 1 月，四人座雪橇在克雷斯特朗问世。克雷斯特朗的滑道是自然雪道，因雪橇下滑速度不断增大，常常发生出辙、翻车等事故。因此，人们逐渐想出在陡坡上多修转弯道的办法，以求减速，还会把雪道表面冻成冰面，在雪道两侧加护墙。在这样的雪道上滑降，平均时速可达 90～100 公里，最高可达 120 公里。1903 年第一条人工雪橇线路在圣莫里茨建成。最初的雪橇乘员为 5 人，其中男子 3 人，女子 2 人。20 世纪初，规则规定该项目只允许男子参加，乘员人数由 5 人减到 4 人。国际雪橇和平底雪橇联合会成立于 1923 年 11 月，后改名为国际雪橇联合会。1957 年无舵雪橇被单独分出，另成立了国际无舵雪橇联合会。四人座雪橇在 1924 年的第一届冬奥会上就已被列入竞赛项目，除 1960 年外，在每一届赛会上它都是比赛项目之一。双人座雪橇出现在 1932 年的冬奥会上，也是除了 1960 年外，每届冬奥会都比赛的项目。1924 年和 1928 年两届冬奥会，雪橇都只有四人项目，当时还有 1 个在后面帮忙推车出发的人，实际上是 5 人。女子比赛则开始于 2002 年的盐湖城冬奥会。

有舵雪橇比赛开始的时候，选手尽自己所能快速推送雪车大约 50 米，然后快速跃入车内。双人座雪橇长不得超过 2.7 米，宽不得超过 0.67 米，滑橇板宽 8 毫米，比赛时，双人座雪橇的总重量不得超过 375 千克。四人座雪橇最长 3.8 米，宽不得超过 0.67 米，滑橇板的最小宽度为 12 毫米，四人座雪橇的总重量不得超过 630 千克，不足重量时可携带其他重物补足。比赛时滑行 4 次，以 4 次比赛的累计时间计算成绩，时间少者名次列前。当两队时间总和相等时，以任何一次完成时间最少的队为胜。每个小项赛期两天，每天进行两次。首轮出发顺序由抽签决定。从第二轮起，出发顺序由前一轮的最后一名先出发，接着顺次排序。出发前，雪橇距起点线 15 米。出发信号发出后，选手在起点处手推雪橇奔跑起动，推行距离大约 50 米，然后选手跃入座位，前座的人掌舵，后座的人制动。到达终点时选手均须在座位上，否则成绩无效。

（2）无舵雪橇（Luge）

无舵雪橇，也称平底雪橇、运动雪橇或短雪橇，是一种仰面躺在雪橇上，双脚在前，通过变换身体姿势操纵雪橇高速回转滑降的运动。雪橇为木制，底面有一对平行的金属滑板，滑板不得装置能操纵滑板的舵和制动器。男、女单人项目比赛每队限报 3 人，每名运动员可滑行 4 次，以 4 次滑降时间总和计算名次，用时短者为胜。双人项目比赛时每队不得超过两名运动员，每名运动员可滑行两次，以两次滑降时间总和评定名次，用时短者列前。无舵雪橇起源于北欧，又称北欧冰橇。据记载，早在 1480 年挪威就已出现无舵雪橇。1883 年 2 月 12 日，瑞士人皮特和澳大利亚人乔治联手进行了一次“伟大的国际冰橇比赛”，他们用时 9 分 15 秒滑过在瑞士达沃斯 4 公里的赛道。随后此项运动在瑞士、奥地利、德国、意大利及美国等国家迅速兴起。1889 年德国成立无舵雪橇俱乐部。1957 年国际无舵雪橇联合会（International Luge Federation）正式成立，在非冬奥会年份，每年举行世界锦标赛、欧洲锦标赛及各种杯赛。男子线路长 1000 米左右，女子线路长 800 米左右。1964 年，在第九届冬季奥运会上被列为正式比赛项目。在现代的无舵雪橇比赛中，选手的速度可以达到每小时 140 公里或者更快。雪橇全长为 70～140 厘米，宽为 34～38 厘米，高为 8～20 厘米，底部的金属滑板宽不超过 45 厘米。滑板上部为支架，滑板前面的翘起部分可有一定柔软性，以便转弯，但不准装置能操纵滑板的舵和制动器。比赛分男子单座、男子双座、女子单座 3 项。比赛时运动员坐在雪橇上，双手借助起点助栏用力向后推，使雪橇向前起动，滑行中仰卧在雪橇上，单手拉住雪橇皮带利用身体起卧，变换肩、腿姿势操纵雪橇，使之沿着冰道快速滑降。选手可选择最理想的线路前进，尽可能地减少比赛用时。到达终点时，运动员须坐在雪橇上，否则不予计算成绩。比赛中平均时速可达 130 公里，最快时速可达 145 公里。单座滑 4 次，赛期为两天；双座滑 2 次，赛期为一天。比赛所用时间相加，均以时间少者为胜。成绩相等时，以各次滑降中成绩最好者为胜。出发顺序由抽签决定。无舵雪橇比赛的轨道是以混凝土或木材为基础砌成的槽状滑道，与雪车和俯式冰橇比赛的轨道相同，只是起点比另外两个项目更远一些。赛道设计成希腊字母欧米伽的形状。滑道宽 1.3～1.5 米，两侧的护墙均需浇冰。男子线路长 1000～1400 米，女子线路长 800～1200 米。全程设 11～18 个弯道，弯道的半径为 8 米。滑道的平均坡度男女相同，为 4～10 度，起点与终点的高度差为 70～130 米。单人赛中，所用的雪橇重量不可超过 20 公斤。单人赛会进行两日，每日进行 2 次滑行，首次的出发名次以抽签决定，之后的出场次序以成绩决定，将 4 次滑行时间相加，所用时间最短的一队为优胜，如若成绩相同则以任何一次最快完成的一队为优胜。双人赛方面，雪橇重量的上限为 22 公斤，赛事为期一天，进行 2 次滑行，第一次出发顺序以抽签决定，之后的出场次序以成绩决定，2 次滑行时间相加，所用时间最短的一队为优胜，如若成绩相同，则以任何一次最快时间完成的一队为优胜。1913 年奥地利、德国和瑞士创建了国际雪橇联合会，1935 年其并入国际有舵雪橇和平底雪橇联合会。1954 年，国际奥委会决定用无舵雪橇取代冰橇在冬奥会的位置。1957 年 1 月，无舵雪橇从国际有舵雪橇和平底雪橇联合会中独立出来，成为国际无舵雪橇联合会，并在同年得到了国际奥委会的承认。

我国的雪橇项目起步较晚，2015 年 8 月 18—23 日，国家体育总局冬季运动管理中心组织了中国雪橇国家队运动员选拔，共选出男队员 6 名，女队员 5 名。雪橇国家队在组建的同时，也聘请了首任国家队主教练沃福冈，他来自欧洲的列支敦士登，曾是雪橇运动员，退役后在美国执教 24 年，随后又在俄罗斯执教 4 年。他执教的运动员曾在索契冬奥会登上领奖台。2015 赛季，中国队在主教练沃福冈的带领下赴欧洲、加拿大等地进行了训练，女运动员胡慧兰曾在 2015 年 12 月 11 日奥地利因斯布鲁克举办的青年世界杯赛事中获得少年组女子第 43 名的成绩。国际雪橇联合会青年世界杯第一站的比赛在加拿大的卡尔加里举行，中国雪橇队的阿拉巴提 • 艾合买提获得了少年男子 A 组的第 12 名（共有 16 名运动员参赛）。在卡尔加里举办的第二站比赛中，中国队派胡慧兰、王沛宣参加了青年女子组的比赛，在与来自 9 个国家的 17 名运动员同场竞技的过程中，两位年轻的中国选手分别获得了第 13 名和第 15 名的成绩。第二次参赛的阿拉巴提则位列少年男子 A 组的第 16 名。2016 年 8 月，中国雪橇队又选拔了一批新队员，扩大了队伍规模，并于 10 月 18 日赴拉脱维亚、加拿大等地开始了 2016—2017 赛季的训练。经过四年的跨项练习，中国雪橇队已能跟上世界第一集团的节奏。

北京 2022 年冬奥会的雪车雪橇项目将在延庆赛区举行，位于小海陀南麓的国家雪车雪橇中心，是一座具有中国气质的场馆，它宛如一条游龙飞腾于山脊之上，若隐若现，它将在北京 2022 年冬奥会、冬残奥会上承担雪车雪橇项目的全部比赛内容。雪车雪橇项目被誉为冰雪运动中的“F1 赛车”，是冬奥会速度最快的项目，专业性极强。赛道全长 1975 米，主赛道落差达 121 米，相当于 47 层楼高，最高设计时速 134.4 公里，堪称北京冬奥会最快赛道。整个赛道共设置 16 个弯道，其中包含 1 个令人惊叹的 360 度回旋弯道，如此复杂、精密的设计，对赛道施工提出了苛刻要求。可以说，赛道的每一个角度、每一个曲面、每一处细节，都决定着比赛的走向，甚至运动员的安危。赛道 5 厘米厚的冰道之下，是起支撑作用的混凝土结构，结构中预埋了近 11 万米的制冷管道。制冷管道夹具和制冷管道是赛道的“骨架”和“血脉”。要打造世界一流的冰雪运动设施，就必须在施工中发扬工匠精神。整个赛道的施工精度允许误差在±5 毫米。为确保夹具及管道的施工安装顺利通过国际单项组织和赛道主设计师的认证，施工方利用专业软件提取了 70 万组空间坐标，通过 3D 测量队伍的测量定位进行工作，保证夹具和管道的安装在可控范围内。中国国家雪车雪橇中心将成为世界第 17 条、亚洲第 3 条、国内首条雪车雪橇赛道。国家雪车雪橇中心的建设内容包括出发区 1、出发区 2、出发区 3、结束区（含场馆媒体中心）、训练道冰屋、团队车库、制冷机房、运营及后勤综合区、媒体转播区、主观众广场等，场馆共设 7500 个观众席。北京 2022 年冬奥会雪橇项目将在国家雪车雪橇中心产生 4 枚金牌。

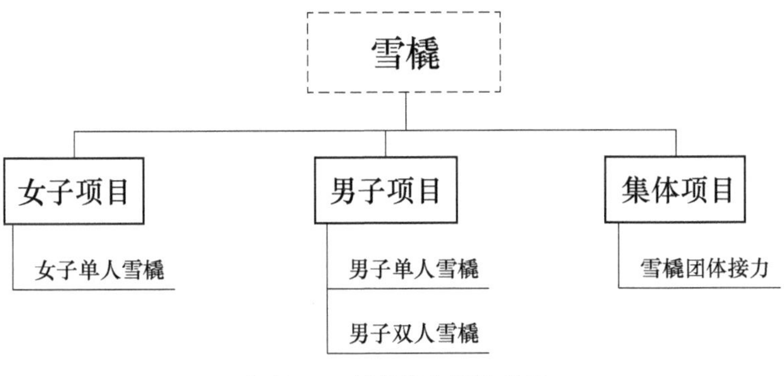

北京 2022 年冬奥会雪橇项目

3.12 自由式滑雪

自由式滑雪是一项极具观赏性的运动。它是以滑雪板和滑雪杖为工具，在专门的场地上通过完成一系列规定和自选动作的雪上竞技项目。自由式滑雪由空中技巧、雪上技巧、U 型场地技巧、坡面障碍技巧、障碍追逐和大跳台组成。

自由式滑雪诞生于 1971 年，是在高山滑雪的基础上孕育发展形成的。同其他雪上项目相比，自由式滑雪所经历的发展道路有两个明显的特点。一般来说运动的发展，通常都是由业余开始的，当发展到一定的水平，一些运动员的技术大大超过其他人，在业余选手中再也找不到适合的对手时，他们就开始组织表演，从而成为职业选手。自由式滑雪则相反，它的第一个特点是在最初举行的比赛里，参加的都是一些职业高手。直至 1979 年这项运动获得国际滑雪联合会的承认，才出现了业余级的比赛。第二个特点是，它虽然诞生较晚，但孕育、发展、形成的过程较长。19 世纪末，挪威滑雪运动的奠基人，著名的极地探险家、海洋学家、政治活动家弗•南森在《高山滑降技术初级教令》一书中，曾提议对运动员所完成回转的数量及优美的程度等进行评分。也就是说，从高山滑雪诞生的那天开始，它就已经孕育着自由式滑雪的胚胎了，或者说自由式滑雪的动作是高山滑雪的本质所固有的。在高山滑雪运动问世的初期，许多动作和叫法还不统一，当许多人都习惯按照一般的做法从山上快速降下或回转时，另一些人则偶尔完成一两个惊险动作，以博得围观者的欣赏。于是，在高山滑雪爱好者的行列里逐渐涌现出了一些探索者。其中，最有成就的是德国的高山滑雪兼登山运动员弗里茨•罗于尔，他通过考察，第一个发现控制滑雪板同控制冰刀的技术有相似之处，滑雪板在雪坡上完全可以像冰刀在冰上那样机动灵活。于是，他得出一个结论："只有雪上舞蹈才能将千百万追随者吸引到高山滑雪中来。相信，高山滑雪的普及不久将不亚于足球。"1926 年，第一本介绍雪上芭蕾的书——《滑雪板的新潜力》在德国出版，作者是弗里茨•罗于尔博士。他在该书中首次描述了滑雪板几种复杂的机动动作，直到 20 世纪 40 年代以后，这些动作仍然是雪上芭蕾的基础。罗于尔提供的最优美的动作之一，就是沿山坡下滑同时转体 360°，他给这个动作冠以“华尔兹舞步”的名称；第二个机动动作是从山上蛇形下滑，两脚交叉；第三个动作是右足右转，浮足（不发力的脚）高抬。此外，还有一些其他的练习动作。这些动作几乎都借鉴于花样滑冰，而当时这些动作对花样滑冰运动员来说难度也是很大的。罗于尔在该书中并排放置了两张照片，一张是花样滑冰，一张是高山滑雪，两名运动员做的都是单足燕式旋转动作。后来人们将这个动作命名为“罗于尔旋转”。但是，由于它的发明者罗于尔的姓氏与英文单词“Royal”谐音，人们便将这个动作称为“国王式”（“Royal”的英文有国王之意）。尽管当时罗于尔没有详尽地表明这项运动未来的发展，但他相当准确地指明了其基本的方向和特点。遗憾的是，这本书在当时并没有引起人们足够的重视。1929 年美国人出版了该书的英文版，然而它在美国同样没能成为发展雪上芭蕾的推动力。此后不久，空中技巧的动作萌发。

1928 年，曾经代表美国参加第一届冬奥会北欧两项比赛的约翰·卡尔顿，第一个穿着滑雪板在观众面前完成了雪上空翻的动作。此后，一些热衷于高山滑雪新动作探索的爱好者，纷纷进行实验。

1958 年，年轻的瑞士滑雪教练员阿特·弗尤雷尔为实现在滑跳中完成空翻和转体，将全部业余时间用在设计和建造空中技巧跳台上，后来取得了巨大的成就。不久他来到美国，并通过电视展示了他的滑雪特技表演。弗尤雷尔还组织了一个滑雪技巧团，分赴一些著名的高山滑雪疗养区进行巡回表演。此后，高山滑雪在世界范围内兴起，高山雪场、高山旅馆及各种运载装置如雨后春笋般涌现，正当业主们寻求延长滑雪季节的时候，弗尤雷尔的技巧团出现了，这使这些业主和弗尤雷尔都获得了巨大的经济效益。于是，在弗尤雷尔之后出现了许许多多的追随者，自由式滑雪也由此获得了进一步的发展。

20 世纪 60 年代初，滑雪板制造工艺出现了一次革新，一种现代高强度的滑雪板问世，最初使用塑料，后来改为金属塑料，这种滑雪板既有很高的硬度，又有较好的稳定性。与此同时，美国的克利夫·泰勒、道·菲费尔、马丁·普奇莱尔及法国的罗伯特·布朗等人，开始着手新的教学法，使用略长于 1 米的短滑雪板培训初学者。穿用短滑雪板，任何一名初学者只要身体素质好，协调性强，并有一定的运动技巧或体操、跳水、蹦床基础，第一学年即可掌握较复杂的自由式滑雪动作。中等熟练程度的滑雪爱好者只要上几节课，就能学会雪上芭蕾的练习方法。培训过程中，练习者要依次改换 3～4 副滑雪板，其长度差为 10～15 厘米。短滑雪板的出现，不仅急剧地改变和丰富了雪上芭蕾的技术动作，而且它的推广也为自由式滑雪的普及开辟了新的途径，雪上芭蕾在一些高山滑雪中心逐渐成为群众性的娱乐活动。

到 20 世纪 60 年代中期，自由式滑雪的普及已上升到需要举办高级培训班的程度。1966 年，第一所专门培训雪上芭蕾运动员的学校在美国科罗拉多州创立，其领导人就是著名的高山滑雪运动家和理论家道・菲费尔。菲费尔不仅组建了第一所雪上芭蕾学校，而且还将自由滑各个不完整的流派统一成了一个完整的运动体系。为表彰他的贡献，他后来被选为国际高山滑雪教练员协会主席团的成员。

到 20 世纪 60 年代末，类似的学校在欧洲、北美，甚至非洲的一些传统的高山滑雪中心相继建立，而且雪上芭蕾的各种基础练习也趋向了统一，即统一了姿势、步法、转体、旋转、跳跃及空中翻转。在此期间，许多运动员对雪上芭蕾技术的发展作出了贡献，如美国的罗伯特・戈沃德、韦恩・旺格及法国的埃里克・拉布雷等。戈沃德是第一位使用长滑雪杖的运动员，滑雪杖快到他的肩部；旺格则最先发明以滑雪板板尖或板跟强力翘起为基础，完成某些高难度动作，后来人们就将这些动作称为“旺格”；拉布雷则是滑雪杖支撑空翻的发明者。这时，自由式滑雪的所有三个项目均已孕育发展成熟，但人们没有想到组织优秀选手中的一部分参加职业或半职业表演，他们中的一部分在各高山滑雪中心从事教练员的工作，而众多的一般爱好者只满足于业余活动。一般认为，自由式滑雪作为竞技运动形成的起点是 1966 年在美国新罕布什尔州沃特维尔谷举行的自由式滑雪赛。

20 世纪 70 年代以后，美国的道・菲费尔捕捉到了自由式滑雪爱好者对表演的共同兴趣，决定组织比赛。在他的倡导下，第一届自由式滑雪比赛于 1971 年在美国新罕布什尔州举行。出席赛会的不仅有各巡回雪上表演团/组的高手，而且有来自各个方面的高山滑雪教练员和雪上芭蕾专家。通过协商，赛会决定将这三个项目合并到一次滑降中，线路的上部为空中技巧，中部为雪上技巧，下部为雪上芭蕾。比赛十分成功，自由式滑雪由此诞生。但是，直到这个时候，项目的主体还没有名称，就连三个子项的叫法也不统一，美国称雪上技巧为“热狗”（Hot Dogging），而欧洲称雪上芭蕾为“高山花样滑雪”或“风格奇特的滑雪”，空中技巧则被称为“雪上特技”。在所有这些叫法都不足以表达这一新兴运动的概念的情况下，相关人员决定借鉴其他体育项目，将其统一为现在的名称，即雪上技巧、空中技巧和特技滑雪（最初称雪上芭蕾）。1972 年第二次自由滑雪比赛在科罗拉多举行。主办方考虑到观众的要求，决定将三个项目分在三天进行。从 1975 年开始，自由滑雪增加了世界杯赛。最初，参加世界杯赛的都是职业选手。国际滑雪联合会对自由式滑雪这个新兴项目的出现十分重视，要求相关组织者理顺项目规则，消除规则解释中的分歧。自由滑雪规则经修改后于 1978 年获得了国际滑雪联合会的批准。为验证该规则的可行性，1979 年举行了国际青年自由式滑雪赛。同年，这一新兴项目获得了国际滑雪联合会的承认，并决定从 1980 年开始举办自由式滑雪世界杯。1980 年 3 月 28—30 日，第一届国际滑雪联合会自由式滑雪世界杯在加拿大惠斯勒举行。来自美国、法国、加拿大、奥地利、瑞典、瑞士、英国、比利时、澳大利亚、荷兰、日本、意大利共 12 个国家的 84 名运动员（其中女子 32 名）参加了雪上技巧、空中技巧、特技滑雪及全能四个项目的比赛。比赛结果：冠军分别被美国的希拉里•恩吉什、简•布彻、鲍勃•霍瓦德，加拿大的克赖格•克洛弗、劳拉勒•博威及奥地利的西吉•因诺尔获得。这次比赛极大地推动了自由式滑雪的发展，国际滑雪联合会决定将自由式滑雪纳入国际滑雪联合会组织的世界滑雪锦标赛。1986 年，世界滑雪锦标赛自由式滑雪比赛在法国蒂涅举行。参加这次比赛的国家由 1980 年的 7 个增加到 18 个，运动员由 84 名增加到了 171 名（其中女子 52 名）。同年，经国际奥委会批准，自由式滑雪被纳入第十五届冬奥会的表演项目。1988 年 2 月 21—25 日，澳大利亚、奥地利、比利时、加拿大、芬兰、法国、德国、英国、意大利、日本、西班牙、荷兰、挪威、俄罗斯、瑞士、瑞典、美国共 17 个国家的 40 余名运动员参加了第十五届冬奥会自由式滑雪男/女雪上技巧、空中技巧和特技滑雪等六个项目的表演。这次表演十分成功，冠军分别被瑞典的霍肯•汉森、德国的塔蒂亚娜•米特马耶尔、加拿大的简-马克·罗宗、美国的梅拉妮·帕莱尼克和莱恩·斯皮纳，以及法国的克里斯廷·罗西获得。1988 年国际奥委会执行委员会决定将自由式滑雪纳入冬奥会的比赛项目。最先进入冬奥项目的是男、女雪上技巧（1992 年），接着是男、女空中技巧（1994 年）。自由式滑雪获金牌最多的国家是美国，其次是挪威。

自由式滑雪的器材包括滑雪板、滑雪杖、固定器、滑雪靴、运动服、护膝、头盔、护镜及手套等。特技滑雪滑雪板的长度，男子不得短于 140 厘米，女子不得短于 130 厘米；男子身高不超过 170 厘米和女子身高不超过 160 厘米者其滑雪板可缩短 10 厘米。滑雪杖不得超过身高，同时，规则对两手握杖的部位也有严格的要求，运动员手的上部不得超过滑雪杖端顶的下部 1 厘米。雪上技巧滑雪板的长度，男子不得短于 190 厘米，女子不得短于 180 厘米；男女身高不超过 160 厘米者允许其滑雪板缩短 10 厘米。空中技巧滑雪板的长度没有限制。所有滑雪板的固定器都要安全可靠，并具有自动脱落系统。

（1）障碍追逐

障碍追逐在一个包含不同回转、跳台、波浪和其他形式地貌的赛道中进行。赛道长 800～1300 米，垂直落差 140～260 米，坡度 5～22 度。场地上设有旗门，连续旗门有颜色间隔，用计时来确定运动员的名次。

（2）雪上技巧

雪上技巧的场地多建在陡峭的斜坡上，场地长 200～270 米，宽 15～25 米，坡度 24～32 度。斜坡上设置了许多密集的雪包，赛道上下分别设有两处跳台。裁判员将回转动作、空中动作的质量得分与运动员完成比赛用时换算成的分数相加评定名次。

（3）U 型场地技巧

U 型场地技巧项目在 U 型雪槽中进行，雪槽的长度为 150～170 米，宽度为 19～22 米，槽的深度为 6.7 米，坡度为 17～18 度。运动员用自由式滑雪技巧完成空翻、转体、抓板等技术动作，裁判员依据整体印象对运动员的滑行表现进行评价，运动员出现失误将被扣分。

（4）坡面障碍技巧

坡面障碍技巧赛道的地形复杂，设有多条路线供运动员选择。赛道包括坡面、跳台、轨道、平台等。场地垂直落差最小 150 米，斜坡平均角度在 12 度以上，宽 30 米，赛道最少有两个不同地貌，最少有三个跳台。裁判员依据整体印象对运动员的滑行表现进行评价，运动员出现失误将被扣分。场地设置要求运动员完成比赛的时间不少于 20 秒。

（5）空中技巧

空中技巧的场地由出发区、助滑坡、过渡区、平台区、跳台、着陆坡及停止区组成。比赛极易受天气影响，场地专门设有三个风向标。所有的区域都要求用雪铺设，而且着陆坡必须松软，以保证运动员的安全。空中技巧最重要的部分是跳台。跳台是在事先做好的三面模型上堆雪，然后经修整而成的。跳台根据级别大小有所不同，其类别基本可分为小型台、中型台、大型台和直体用台。运动员的完成动作包括腾空、空中动作、着陆三个部分，裁判员按照起跳、空中动作和着陆三个部分来打分，三部分的分数相加再乘以难度系数为最后得分。空中技巧混合团体为北京 2022 年冬奥会新增小项。

（6）大跳台

大跳台是北京 2022 年冬奥会新增项目，共设两枚金牌。运动员从一个近 50 米高的斜坡上滑下（下滑、顺滑、倒滑都可以），然后在斜坡的尽头腾跃，完成空翻、转体、抓板等技术动作组合。裁判员依据整体印象对运动员的滑行表现进行评价。

自由式滑雪在我国的起步相对较晚，相比于自由式滑雪的其他五个项目，空中技巧项目是我国的优势项目。我国早在 1989 年便开展了自由式滑雪空中技巧项目。相比其他以体能为主的雪上竞技项目，空中技巧这种以灵活和技巧为特征的雪上竞技项目是中国雪上项目的突破口之一。1994 年，空中技巧首次作为挪威利勒哈默尔冬奥会的正式比赛项目进入奥运大家庭，中国队也参加了这个项目的角逐，最好成绩是尹红的第 17 名。1998 年，我国名将徐囡囡在日本长野冬奥会上，为中国队收获了空中技巧的首枚奖牌，当时她在决赛中遗憾地输给了美国名将斯通斯，获得了 1 枚宝贵的银牌。2002 年，中国队在美国盐湖城冬奥会空中技巧项目中有所沉寂，并没有拿到奖牌，李妮娜排在第 5 位。2006 年，在意大利都灵冬奥会上，中国选手韩晓鹏以黑马的姿态斩获男子空中技巧冠军，实现了中国自由式滑雪男选手奥运金牌“零的突破”！李妮娜也在女子空中技巧比赛中获得银牌。2010 年，在温哥华冬奥会上，刘忠庆拿到了 1 枚铜牌，而李妮娜再度为中国队获得了 1 枚银牌，铜牌得主是中国选手郭心心。2014 年，在俄罗斯索契冬奥会上，夺冠大热门徐梦桃输给了白俄罗斯老将茨佩尔，获得了 1 枚银牌，而贾宗洋获得了男子空中技巧的铜牌。2018 年的韩国平昌冬奥会，中国女队老将张鑫和小将孔凡钰，在徐梦桃发挥失常的情况下，分别拿到了银牌和铜牌；贾宗洋则更进一步，将四年前的铜牌换成了银牌。

优秀运动员谷爱凌是我国自由式滑雪备战北京 2022 年冬奥会的夺金重点培养对象。她 2003 年生于美国，曾经蝉联 3 届全美锦标赛自由式滑雪坡面障碍技巧比赛的冠军；她是 2018 年公园城市革命之旅自由式滑雪 U 型场地的冠军及美国阿斯彭公开赛自由式滑雪的冠军，是 2019 年自由式滑雪世界杯意大利站坡面障碍技巧比赛的冠军；她于 2019 年 1 月登顶国际滑雪联合会总积分榜榜首。2019 年 8 月 16 日，15 岁的中国滑雪运动员谷爱凌获得 2019—2020 赛季自由式滑雪坡面障碍技巧新西兰公开赛的金牌，这是中国归化运动员在正式国际比赛中获得的首个冠军。2019 年 8 月 28 日，新西兰冬季运动会暨澳洲杯在卡卓那举行，在自由式滑雪 U 型场地女子决赛中，谷爱凌凭借首轮的 88 分夺得冠军，收获了代表祖国出战以来的第二个冠军。2020 年 1 月 18 日，谷爱凌以 93.25 分获得 2020 年洛桑冬季青年奥林匹克运动会自由式滑雪女子坡面障碍技巧比赛的亚军；1 月 20 日，她以 93 分获得自由式滑雪女子 U 型场地比赛的冠军；1 月 22 日，她又以 171.25 分获得自由式滑雪女子大跳台比赛的冠军。

北京 2022 年冬奥会自由式滑雪大跳台项目将在北京赛区的首钢滑雪大跳台中心进行，其余小项在张家口赛区进行，共产生 13 枚金牌。首钢滑雪大跳台中心于 2018 年 12 月动工，2020 年 1 月完工。它由赛道、裁判塔和看台区域组成，赛道长 164 米，最宽处 34 米，最高点 60 米。选手从大跳台滑下后，将完成空翻、转体等技术动作。首钢滑雪大跳台中心选址首钢老工业园区的北区，大跳台中心周边的老厂房和工业建筑物经过修缮改造，具备赛事配套服务的功能，设计者充分考虑了首钢工业遗存的利用价值。北京冬奥会后，首钢滑雪大跳台中心将成为世界首例永久性保留和使用的滑雪大跳台场馆，可承办国内外滑雪大跳台项目的比赛，成为专业运动员和运动队的训练场地、青少年后备人才的选拔基地、赛事管理人员的训练基地，直接服务中国冰雪运动的发展。同时，首钢滑雪大跳台中心也会成为向公众开放的北京冬奥会的标志性景观地点和休闲健身活动场地，变身服务大众的体育主题公园。

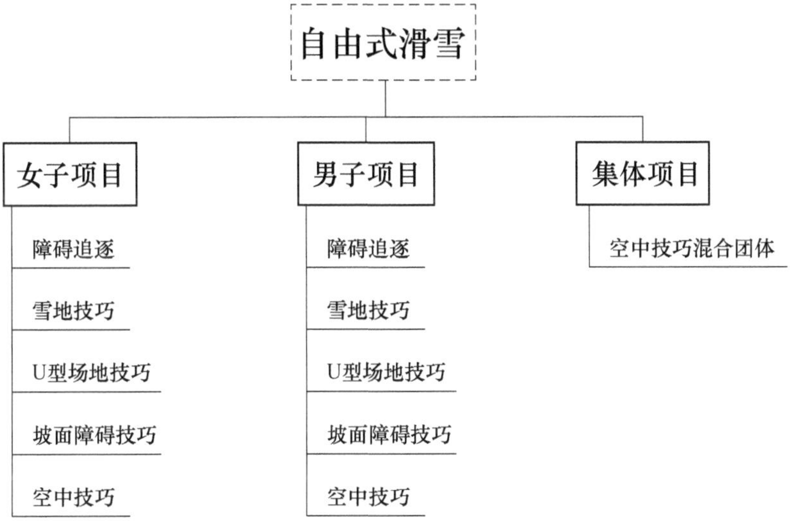

北京 2022 年冬奥会自由式滑雪项目

3.13 冰壶

看似风平浪静，温文儒雅，实则暗流涌动，斗智斗勇，这就是冬奥会冰壶项目具有的独特魅力。冰壶又称冰上溜石，是以队为单位在冰上进行的一种推掷性的竞技运动项目。冰壶为圆壶状，由不含云母的苏格兰天然花岗岩制成，且世界上所有制造优质冰壶用的天然花岗岩均产自苏格兰近海的一个小岛，也只有苏格兰人掌握着制作世界顶尖水平冰壶的技术。标准的冰壶重 19.9 千克（包括壶柄和壶栓），直径 29 厘米，周长 91.94 厘米，高 11.43 厘米。有人把冰壶称作“冰上国际象棋”，这一比喻很好地诠释了冰壶的神秘与高雅。

尽管现在的冰壶运动在加拿大等国家发展得十分顺利，但是它起源于

14 世纪的苏格兰，由于苏格兰冬天比较寒冷，人们不得不放弃高尔夫球，在池塘或河堤内进行一种类似地滚球的游戏，并且很快就流行了起来。起初冰壶比赛的双方是邻居对邻居或者村庄对村庄，这使得苏格兰的整个冬季都被火热的冰壶运动所占据。每年苏格兰都会举行大规模的冰壶比赛，比赛人数达到几千人，参赛者不远千里来到比赛场地，场面非常壮观。历史上的第一个冰壶俱乐部是 1761 年苏格兰中部斯特林夏地区的冰壶爱好者组织建立起来的；1807 年冰壶活动逐渐传入加拿大；1820 年这项运动在美国等地流行起来；到了 1838 年，苏格兰冰壶俱乐部成立，同年冰壶运动的初步比赛规则被制定出来，标志着这项运动从此登上了冬季竞技体育的历史舞台。

20 世纪初，一些冰球俱乐部和地区性的协会在新斯科舍、马尼托巴、艾伯塔、安大略及萨斯喀彻温等省纷纷建立。通过加拿大爱好者的不断努力，这项运动的技术动作和比赛规则更加完善，并由室外逐渐转到室内进行。1924 年经法国和英国爱好者的努力，冰壶作为表演项目被纳入第一届冬奥会，参加表演的 22 名运动员来自英国、法国和瑞典，表演在夏蒙尼冰场进行。1927 年，加拿大举行了全国性的冰壶比赛，当时也称麦克唐纳·布赖尔锦标赛，后来更名为拉巴特·布赖尔锦标赛。1932 年，冰壶再次作为表演项目被纳入冬奥会，然而这次参加表演的 8 个队来自美国和加拿大。

亚洲的冰壶运动起源于日本。1937 年，日本奥委会为备战 1940 年札幌冬奥会，将冰壶运动引入长野县，并利用从德国带回来的冰壶器材在长野县取访湖上举行了一场冰壶表演赛，这是冰壶第一次出现在亚洲。之后因第二次世界大战，冰壶运动在日本并没有得到好的发展和普及。1957 年，为了将冰壶运动推向世界，英国和加拿大的冰壶俱乐部在爱丁堡举行了一次具有里程碑意义的会议。通过磋商，双方决定从 1959 年开始举办两国之间的冰壶比赛，定名为苏格兰杯锦标赛。

1965 年，由英国皇家冰球俱乐部发起的国际冰壶会议在苏格兰的珀斯召开，参会的有苏格兰、加拿大、美国、瑞典、挪威及瑞士这 6 个国家和地区的代表队。会议通过了英国皇家冰壶俱乐部提出的关于筹备成立国际冰壶联合会的建议。1966 年 3 月，第二次冰壶会议在加拿大温哥华举行，法国也参加了本次会议。会议主要通过了国际冰壶联合会的章程草案，并于同年

4 月 1 日成立了联合会。1967 年，珀斯会议批准了国际冰壶联合会的组织机构和章程草案。1968 年，国际冰壶联合会会议在加拿大魁北克召开，这次会议通过了新的竞赛规则，并决定举办世界冰壶比赛来取代苏格兰杯锦标赛。

1975 年，国际冰壶联合会决定举办世界青年冰壶锦标赛，目的是推动该项目的发展，并通过比赛来扩大其影响力。当时的世界锦标赛中只有男子的比赛项目，到了 1979 年女子比赛才开始举行。1980 年，加拿大阿尔伯塔省和日本北海道进行了体育交流，冰壶是交流中的一个项目。加拿大前冰壶世锦赛冠军队伍的成员乌斯利亚克应邀在北海道的 21 市巡回开办冰壶技术讲习班，这极大地推进了冰壶运动在北海道和日本国内的普及和发展速度。

1988 年世界青年女子冰壶锦标赛得到批准。1989 年国际冰壶联合会决定规范化、标准化现在的世界冰壶锦标赛（WCC）和世界青年冰壶锦标赛（WJCC）。1991 年，通过国际奥委会的认可，国际冰壶联合会正式更名为世界冰壶联合会。1992 年，在西班牙巴塞罗那的会议上，国际奥委会决定在 2002 年之前将冰壶纳入冬奥会的比赛项目。1993 年在洛桑召开的会议上，国际奥委会将冰壶列为第十八届冬奥会的正式比赛项目。

冰壶比赛的场地长 44.5 米，宽 4.32 米（从木框的内缘算起）。场地四周设有 2 英寸（5.08 厘米）高、4 英寸（10.16 厘米）宽的木框以防砥石溜出界外。为减少砥石同冰面的摩擦，比赛前要用喷洒器向冰面均匀地喷洒水珠，使冰面形成点状麻面。场地内有六条端线，前卫线的宽度为 4 英寸，后卫线的宽度为 1 英寸（2.54 厘米）。在前卫线和后卫线的中间有一个纵横交叉的“十”字线，即“丁”字线。“丁”字线的交叉点是营垒的中心点。以中心点为圆心，向外分别各画一个半径 0.15 米、0.61 米、1.22 米和 1.83 米的同心圆，外面的两圆之间涂蓝色，里面的两圆之间涂红色。在场内的两端距离端线 1.22 米处，各安装两个高 2 英寸的斜面橡胶起踏器，投掷砥石就从这里开始。起踏器的橡胶部分应紧密地固定在木质或其他材质的材料上。起踏器的长不得超过 8 英寸（20.32 厘米），内侧距离中心线 3 英寸（7.62 厘米），右手持砥石的投掷者须由中心线左侧的起踏器投掷，左手者须由右侧，否则为误投，砥石将被拿离赛场。

冰壶比赛每场有两队参加，每队 4 人，另有 1 名替补队员。冬奥会设有

3 枚金牌，具体竞赛项目为男子冰壶、女子冰壶和混合双人冰壶。参加比赛时，运动员身着本队的统一队服，脚穿比赛专用鞋。比赛鞋两脚的底部不同，蹬冰脚鞋的底部为橡胶，滑动脚鞋的底部为塑料。比赛进行 10 局，每队比赛时间限定 75 分钟。每队两名队员在每局比赛中各掷砥石 2 次。进行的方法是：比赛双方按照一垒手、二垒手、三垒手及主力队员的顺序，先交叉各投 1 次，然后进行第 2 次。每局以两队的砥石距离大本营圆心的远近评定比赛的胜负。例如，甲队有两枚砥石距离圆心比乙队近，则甲队得 2 分，以此类推，比赛结束以得分多的队为胜。两队首局推滑冰壶的先后以抽签决定，从第二局开始，上一局的胜队先推。

投掷时，运动员的蹬冰脚踏在起踏器上，身体下蹲，用灵活有力的手持砥石，另一只手持毛刷。毛刷的底部应该贴放在身体外斜前方的冰面上，以帮助保持身体平衡。投掷开始，滑动脚先向前移，同时向前摆动砥石，身体略抬起，重心由蹬冰腿移向滑动腿。然后，滑动腿收回，重心后移，并将砥石拉回身体的后侧方。接着蹬冰腿用力蹬冰，滑行腿的膝关节弯曲，脚尖外展，两腿成弓步，向前滑出。砥石在身前，运动员用伸直的手臂推动并控制砥石向前滑动。当砥石接近前卫线时，将手松开，使砥石边旋转边以适当的曲线向前移动。一般情况下，当砥石转动一圈半至两圈到达目标最为理想。

为了使冰壶滑行得更远并且准确地到达目标，同队的队员可有 1 名或者 1 名以上的队员手持毛刷，在两条“丁”字线之间冰壶运行的前面擦扫冰面。当对方投掷时，为使其冰壶滑离圆心更远，也可以派出 1 名队员在对方冰壶运行的前面擦扫冰面，但前提必须是在“丁”字线的后面而且是在对方选手决定不再扫冰以后。在扫冰过程中，任何一方的扫冰者及扫冰器具均不得触及冰壶或者在冰壶运行的前方留下污垢，否则视为违规。为获取比赛的胜利，运动员在力求将冰壶投向圆心的同时，也可以根据战术的要求，在主力队员的指挥下，将对方的冰壶撞出营垒或将本队的冰壶撞向圆心。

我国的冰壶项目开展得比较晚，但进步非常快。1993 年我们开始接触冰壶，1995 年正式引进这项运动。同年 3 月，第一届冰壶讲习班成功举办，冰壶运动首次进入黑龙江省。1996—1998 年，第二届到第四届冰壶项目培训班的顺利举办，使东北地区掀起了一个学习冰壶运动的高潮。1997 年我国成功举办了全国首届冰壶邀请赛。日本冰壶协会与黑龙江省冰壶运动队的深入交流，促进了黑龙江省冰壶运动的发展，这直接带动了我国冰壶运动的发展。随后，黑龙江省冰壶运动队代表国家走出国门参加世界冰壶比赛。

2001 年，我国成功举办了第一届全国冰壶锦标赛，有十多支队伍参加。2002 年，冰壶运动已经发展到 50 多个国家和地区，其中已经有 39 个国家和地区加入了世界冰壶联合会。在这些国家中，获得冠军次数最多的就是加拿大。2006—2007 年，我国成功举办了太平洋青少年冰壶锦标赛、亚洲冬季运动会冰壶比赛，这标志着冰壶运动在我国的开展得到了国际的认可。王冰玉曾是中国冰壶女队队长。在 2009 年女子冰壶世锦赛上，王冰玉带领中国女子冰壶队在决赛中战胜了经验老到的瑞典队夺得了冠军，实现了中国在冰雪项目上的重大突破。

北京 2022 年冬奥会冰壶比赛将在北京赛区的国家游泳中心进行，将产生 3 枚金牌，分别是男子冰壶、女子冰壶和混合双人冰壶。

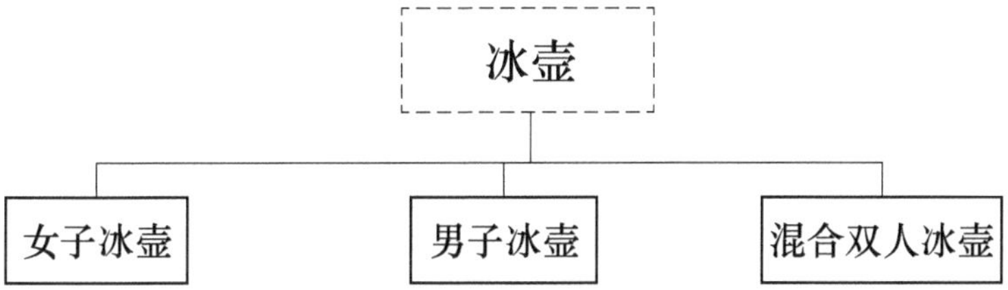

北京 2022 年冬奥会冰壶项目

3.14 跳台滑雪

跳台滑雪是人类最接近飞行的一项运动项目。它是以滑雪板为工具，在专设的跳台上以自身的体重通过助滑坡获得的速度比跳跃距离和动作姿势的一种雪上竞技项目。跳台滑雪源于挪威，1860 年，挪威德拉门地区的两位农民在奥斯陆举行的首届全国滑雪比赛上表演了跳台飞跃动作，后逐渐成为单独的项目，并得到广泛开展。1879 年，奥斯陆举行了首届跳台滑雪比赛。初期，跳台滑雪都是在山坡上利用自然地形进行的。19 世纪 80 年代，土木建筑结构的跳台相继在奥斯陆、希恩、德拉门及利勒哈默尔等地出现。1883 年，跳台滑雪被作为正式项目纳入了霍尔门科伦滑雪大奖赛。1900 年，挪威人比约默・尼尔森表演了第一个传统跳跃，距离为 17 米。1902 年，另一名挪威人尼尔斯・耶斯特万格采用同样的方法跳出了 41 米。不久，美国的 H. 史密斯在瑞士的达沃斯又创下了 45 米的纪录。

19 世纪末 20 世纪初，跳台滑雪先后传入瑞典、瑞士、美国、捷克、法国、意大利及波兰等国家，参与者跳跃的距离也在不断地增加。1924 年，跳台滑雪被列为冬奥会的比赛项目，1925 年开始举办世界锦标赛（当时为国际滑学联合会跳台滑雪赛）。从 20 世纪 20 年代开始，随着运动员空中滑翔技术的不断提高，人们对跳台的设计也提出了新的要求。1926 年，瑞士格劳宾登州的蓬特雷・西纳首先建成了 K 点（着陆区评分的坐标原点）超过 60 米的跳台，接着 K70 的跳台又于 1927 年在瑞士的圣莫里茨落成。30 年代，在数学家和工程师的帮助下，跳台的设计更加合理，并出现了大跳台，使 K 点达到 90 米。

跳台设计的科学化、运动员技术水平的提高使新的世界纪录不断涌现。1931 年，挪威运动员西格门德・鲁德最先将飞行距离提高到 81.5 米。就在这时，西格门德・鲁德和图林・汤姆斯共同开发出了一种新的滑翔姿势——上体加大前倾，两臂前伸，这种姿势更加符合空气动力学特征。1934 年，西格门德・鲁德的弟弟比尔格・鲁德采用这种姿势又将世界纪录提升到 92 米。后来人们将这种跳跃姿势命名为孔斯伯格。1936 年 3 月 15 日，年仅 17 岁的奥地利运动员瑟普・布拉德尔在法国的夏蒙尼锦标赛上第一个以 101.5 米的成绩突破 100 米大关。

1937 年，国际滑雪联合会跳台滑雪比赛正式定名为世界跳台滑雪锦标赛，并将 1924 年冬奥会的跳台滑雪比赛定为第一届世界跳台滑雪锦标赛。1939 年以前，世界锦标赛每年举行一次，从 1948 年开始改为两年举行一次。第二次世界大战后，随着世界经济的发展，跳台滑雪获得了进一步的普及，运动员滑翔技术的提高更加迅速，纪录不断被刷新。1950 年，联邦德国运动员约瑟夫・韦勒创造了 127 米的世界纪录。20 世纪 50 年代中期，瑞典运动员安德烈亚斯・代舍尔又发明了一种新的滑翔姿势：身体进一步前倾，两臂向后贴紧体侧。1960 年，国际滑雪联合会决定从 1962 年开始将跳台滑雪由一项增加到两项，将 K70 定为标准坡度，K90 定为大坡度。

1967 年挪威选手拉尔斯·格里尼又将世界纪录提高到 150 米。仅仅过了两年，这一世界纪录又被民主德国运动员曼弗雷德·沃尔夫打破。进入 20 世纪 70 年代，奥地利运动员安东·因瑙尔和南斯拉夫运动员波格丹·诺尔契奇又连续创造了 174 米和 176 米的世界纪录。随着运动员滑翔技术的提高，人们对跳台设计提出了进一步的要求，国际滑雪联合会决定从 1976 年开始将标准坡度和大坡度分别由 K70 和 K90 改为 K90 和 K120。1982 年，随着跳台滑雪的普及，国际滑雪联合会决定增设团体赛，并从 1988 年起将团体大坡度纳入冬奥会，从而使冬奥会的跳台滑雪由两项增加到了三项。到了 80 年代，运动员飞翔的距离更是达到了令人难以置信的程度。捷克斯洛伐克运动员帕维尔·普洛茨于 1983 年创造了 181 米的世界纪录，随后芬兰运动员马蒂·尼凯宁在意大利又以 191 米的成绩刷新了这一纪录。1985 年，瑞典运动员扬·伯克洛夫在滑翔过程中将两个滑雪板的板尖向外分开形成“V”形。最初，人们对这种姿势很不理解，有的人甚至嘲笑，裁判员的评分对他也很不利。然而，当 1989 年扬·伯克洛夫获得世界杯冠军之后，人们才明白——空气动力学的风洞试验结果证明，“V”形提供的提升能力要比传统的两雪板平行姿势大 28%。1992 年，所有跳台滑雪的奖牌获得者都是采用“V”形姿势。1994 年 3 月 17 日，奥地利运动员安德烈亚斯·伐尔德伯格第一个突破了 200 米大关，他的成绩是 202 米。

跳台滑雪是一项富有刺激性、能够培养人们勇敢精神的体育运动。截至 2002 年，跳台滑雪已发展到澳大利亚、奥地利、比利时、美国等 30 余个国家和地区，其中 27 个国家和地区的运动员加入了世界锦标赛和洲际比赛的行列。跳台滑雪开展较好、水平较高的有挪威、芬兰、德国、日本、奥地利、瑞士、捷克、波兰及斯洛文尼亚，冬奥会跳台滑雪的金牌几乎全部被这些国家的运动员获得。1924—2002 年，冬奥会跳台滑雪共产生冠军 35 项次，颁发金牌 50 枚。这些金牌分别被 10 个国家和地区的 39 名运动员获得。获得金牌最多的国家是芬兰，其次是挪威，获得金牌最多的运动员是芬兰的马蒂·尼凯宁。

跳台滑雪的台级由 K 点距离 W 来决定。W 指从跳台起跳边缘到 K 点的曲线距离。K 点是着陆区评分的坐标原点，此点可根据台级大小调整，以原点向两侧延伸的与运动员跳跃方向相垂直的线就是距离检视裁判员和距离测量员用以评定运动员跳跃距离的标准线。跳台由助滑道、起跳区、着陆坡和停止区组成。根据规格，跳台的级别可分为小型台（W20～45 米）、中型台（W50～70 米）、标准台（W75～95 米）、大型台（W100～120 米）及飞翔台（W145～180 米）。标准台、大型台及大型台团体为冬奥会项目，比赛先进行大型台，然后依次是大型台团体和标准台。

（1）标准台男子单人/女子单人

比赛从资格赛开始，世界杯赛排名前 10 的选手不需要参加资格赛，直接晋级决赛。剩下的选手要在资格赛争夺 40 个决赛名额。决赛共有两跳，第一跳 50 人全部参加，取成绩最好的 30 人参加第二跳。第二跳的顺序按照第一跳的成绩从低往高倒着进行。

（2）大型台男子单人

大型台男子单人比赛的规则和标准台男子单人比赛一样，只不过它是在大型台上进行的。大部分的跳台滑雪世界杯都是在大型台上进行的，一个赛季只有一两站是在标准台上进行的。

（3）大型台男子团体

在这项比赛中，每个队有四名选手。比赛分为两轮，第一轮比赛每个队先跳一个人，随后是每个队的第二个人，然后是每个队的第三个人、第四个人。每个队四名选手的合计得分为总分。排在前 8 名的队伍才能参加第二轮比赛，第二轮比赛的出发顺序和单人比赛相同，按照成绩从低到高出发，最终总得分最高的队伍获胜。

跳台滑雪的得分由距离得分和姿势得分两部分组成。距离得分以 K 点为准，到达 K 点得 60 分，然后根据跳跃距离进行加分或减分。加分或减分的分值与跳台级别的大小有关，跳台级别越大，分值越低，大型台每米的分值为 1.8 分，标准台的分值为 2.0 分。假如运动员跳出的距离超过了 K 点，则将超过的米数乘以所跳跳台级别每米的分值数，然后加上 60 分，即为该运动员的距离得分。当运动员跳出的距离达不到 K 点时，则要将少于 K 点距离的米数乘以所跳跳台级别每米的分值数，再从 60 分中减掉此分数。例如，运动员在大型台跳出的距离是 125 米，则距离得分为 60.0+（125–120）×1.8=69.0 分。

运动员跳跃距离的判定：从跳台前沿的边界量起，到运动员在斜坡上的着陆点，然后在测得的米数上再加 0.5 米。姿势得分同样是 60 分。五名跳跃裁判员根据运动员跳跃的准确性、完美性、稳定性及整体稳定性进行加分或减分，每名裁判员给出的最高分为 20 分，去掉一个最高分和一个最低分，然后将剩余的 3 个分数相加，即为该运动员的姿势得分。例如，五名裁判员的评分分别是 17.5、18.0、18.5、19.5、20.0 分，去掉一个 17.5 的最低分和 20.0 的最高分，姿势得分为 18.0+18.5+19.5=56 分。

跳台滑雪的场地包括跳台、裁判塔和教练员台，冬奥会和世界锦标赛还应该备有电梯和供运动员使用的暖房。跳台可以就山形修建，也可以用建筑材料架设。跳台滑雪的线路由助滑道、着陆坡和停止区组成，助滑道包括出发区段、斜直线区段、过渡曲线区段及起跳台，其宽度不得少于 2.5 米，两侧须设有界墙；从助滑道一直到起跳处的路段曲线半径不得少于 $R_{1\min}$，也不能大于 $R_{1\max}$，这一规定适用于所有不同半径的曲线路段；着陆坡在跳台的台端底处，它的宽度，标准台不得少于 7.2 米，大型台不得少于 9.6 米，且此宽度应不断地扩大到 K 点。

中国跳台滑雪运动的水平较低，从 2003 年开始，中国跳台滑雪队获得赞助并常年在奥地利训练，经过 2 年多的训练，水平有了较大的提高，但较世界高水平运动员还有一定差距。平昌冬奥会跳台滑雪项目女子标准台的比赛在平昌阿尔卑西亚跳台滑雪中心举行。挪威选手马伦•伦比夺得金牌，德国选手凯瑟琳•阿尔托斯和日本选手高梨沙罗分别获得银牌和铜牌。中国选手常馨月最终位列第 20 名，她是中国跳台滑雪历史上首位进入冬奥会的女子运动员。在第二十七届世界大学生冬季运动会的女子跳台滑雪比赛中，中国选手李雪尧以 173.5 分的总成绩获得第 5 名，这是此前中国选手在大冬会跳台滑雪项目上获得的最好成绩。

跳台滑雪的装备有滑雪板、滑雪靴、滑雪服、头盔、护目镜及手套。滑雪服一般由合成纤维材料制成，厚度最大不能超过 6 毫米，不能薄于 4 毫米；滑雪板的长度一般为身高（米）乘以 1.45，最宽为 11.5 厘米，板底有方向槽。

规则规定滑雪服、滑雪靴、护目镜和头盔的总重量由运动员的身高、体重决定。

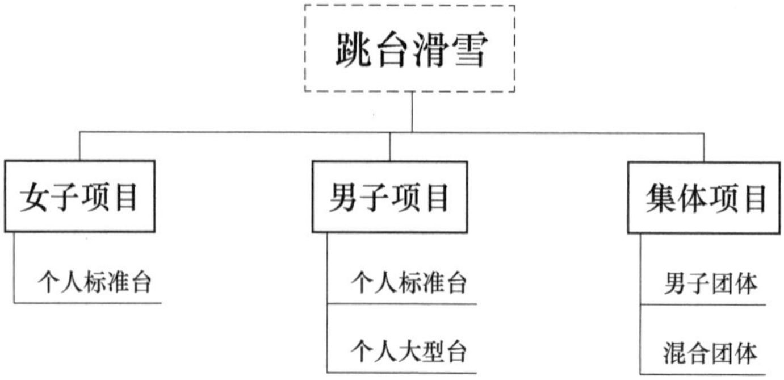

北京 2022 年冬奥会跳台滑雪项目

3.15 越野滑雪

越野滑雪起源于北欧，故又称北欧滑雪，是最基础的传统雪上项目。据记载，1226 年挪威内战时期，两名被称为“桦木腿”的侦察兵，怀藏两岁的国王哈康四世，滑雪翻越高山，摆脱了敌人。现在，挪威每年还举行越野马拉松滑雪赛，距离 35 英里（56.33 公里），与当年侦察兵所滑路程相同。越野滑雪比赛的路线分上坡、下坡、平地，各占全程的 1/3。1924 年，越野滑雪被列为首届冬奥会的比赛项目。在 19 世纪 50 年代，当使用两根滑雪杆的传统滑雪方式确立后，顶尖选手的成绩突飞猛进，这项运动比任何其他耐力运动项目（例如长跑或游泳）都发展得更快。选手们需要学习生理学，学习如何训练身体来准备比赛。不过，滑冰技术也几乎在同步发展。60 年代出现了专门铺设滑道（或滑雪道）的机器。

北京冬奥会的越野滑雪比赛共设男子 15 公里（传统技术）、男子双追逐（15 公里传统技术+15 公里自由技术）、男子个人短距离（自由技术）、男子团体短距离（传统技术）、男子 50 公里集体出发（自由技术）、男子 4×10 公里接力；女子 10 公里（传统技术）、女子双追逐（7.5 公里传统技术+7.5 公里自由技术）、女子个人短距离（自由技术）、女子团体短距离（传统技术）、女子 30 公里集体出发（自由技术）、女子 4×5 公里接力，共计 12 个小项。

越野滑雪技术分为传统式（Classic）和自由式（Free）两种。传统式技术要求运动员在比赛中的蹬滑（包括两脚交替滑行、同时滑行、滑行中的开脚踏步、滑降及转弯等）不得有任何的蹬冰式（侧蹬）动作。自由式技术则对运动员蹬滑动作的方法不作限制。规则规定，赛会所设的项目中传统式及自由式应各占一半。

越野滑雪的线路要尽量选择森林地带的多变地形，要保证雪质、雪量，线路的宽度应达到 4～5 米，雪面要经过机械或人工捣固、踏压，厚度至少 10 厘米。最好在线路的一侧设有带雪辙的雪道，两条雪辙的内壁相距 15～18 厘米，雪辙深度至少 2 厘米，雪辙的宽度以雪板的固定器不撞击两侧雪壁为准。线路的着板雪面低于撑杖雪面 2 厘米或在同一高度上，线路的另一侧不开带有雪辙的雪道。要避免单调过长的平地滑行、难度过大的急陡坡滑降，以及连续较长距离的蹬行；开始阶段应较易滑行，难度应出现在全程的 3/4 处。在出发后 2000～3000 米内不应出现难度极大的急陡坡，在终点前 1000 米内不应出现较长的危滑降，线路中要避免危险的斜滑降，同时要避开冰带、陡角和狭窄的地带。越野滑雪对比赛线路有明确的要求，上坡的坡度应在 9%～18%，其高度差应保持在 10 米以上，个别路段可以加上一些短的大于 18%坡度的陡斜坡。起伏路面由短的上下坡构成，其高度差为 1～9 米。下坡线路要有变化，以满足多种滑降技术的需求，但必须确保运动员能安全通过。冬奥会和世锦赛线路的最高点海拔不得超过 1800 米。越野滑雪的不同项目和滑行技术对线路设计的要求有所不同。传统技术单项比赛的雪道应尽可能设在线路中间。雪道要设置雪槽，两条雪槽分开的距离应为 17～30 厘米，深度为 2～5 厘米。当使用两条雪道时，其分开的距离应为 1～1.2 米。自由式技术比赛的线路应压好，线路的下坡地段要开设雪槽。

（1）间隔出发

在这个项目上，女子进行 10 公里比赛、男子进行 15 公里比赛，每隔 30 秒出发一位运动员，以到达终点的时间确定名次，用时最少的运动员获得胜利。

（2）集体出发

集体出发项目 2002 年被列为冬奥会的正式比赛项目，所有运动员列队同时出发，道次由抽签决定。女子进行 30 公里比赛，男子进行 50 公里比赛，比赛中运动员每 10～12 分钟会通过一次运动场，最终第一个到达终点的选手获胜。比赛中经常出现 10 位以上的运动员冲刺，这就需要依靠高速摄像机拍摄的照片确定最终的冠军。

（3）追逐赛

追逐赛包括传统技术和自由技术，这个项目与集体出发非常相似，所有运动员列队同时出发，道次由抽签决定。女子先以传统技术滑行 7.5 公里，之后是 7.5 公里的自由技术滑行；男子则是 15 公里传统技术滑行+15 公里自由技术滑行。比赛中运动员每 6～8 分钟通过一次运动场，最终第一个到达终点的运动员获胜。

（4）个人竞速赛

比赛从资格赛开始，每隔 15 秒出发一位运动员，女子比赛每圈 1.2 公里，男子比赛每圈 1.4 公里，资格赛前 30 名晋级 1/4 决赛。1/4 决赛、半决赛、决赛 B、决赛 A，每一组六位选手。其中，每组前两名选手和每一轮速度最快的两名选手晋级下一轮，直到决赛 A 中有六位选手竞争最后的金牌。

（5）团体竞速赛

在团体竞速赛中，每一队里有两名运动员轮流在雪道滑行，每人滑行 3 次，总共滑行 6 圈。比赛分半决赛和决赛。半决赛每一组有 10～15 支队伍，两场半决赛当中成绩最好的 5 支队伍晋级决赛。运动员在比赛当中轮流滑行时必须遵循正确的交换顺序，且不能影响或阻碍其他队。6 圈比赛结束后，第一个冲过终点线的队伍获胜。

（6）接力赛

在接力赛中，每一队有四名运动员，前两名选手必须使用传统技术滑行，后面两名选手必须用自由技术滑行。女子是 4×5 公里接力赛，男子是 4×10 公里接力赛。比赛采用集体出发，选手之间的接力与团体竞速赛类似，第四名选手当中第一个冲过终点线的团队获胜。

目前，我国的越野滑雪运动还处于发展阶段，仍然存在很多的问题，整体实力也与强国相差不少。早在 1996 年的第三届亚洲冬季运动会的越野滑雪比赛中，中国队便获得了 1 枚金牌、2 枚银牌、2 枚铜牌。2014 年的俄罗斯索契冬奥会，中国女子选手的最好成绩是李宏雪在女子 30 公里集体出发赛中取得的第 22 名。中国男子选手的最好成绩是许文龙在男子 30 公里传统式/自由式混合赛中获得的第 59 名。2016 年 2 月 8 日，第二届冬季青年奥林匹克运动会，17 岁小将池春雪以 1 枚越野滑雪银牌结束了我国在这个分项上的奥运级别奖牌荒。2017 年的第八届亚洲冬季运动会，我国越野滑雪名将满丹丹为中国代表团斩获本届亚冬会的首金。2018 年平昌冬奥会，中国队只有 4 人获得参赛资格，在越野滑雪女子 7.5 公里+7.5 公里双追逐赛中，李馨和池春雪分列第 51 位和第 55 位。2019 年 3 月 1 日，中国选手迪妮格尔・衣拉木江实现了中国越野滑雪项目的突破——18 岁的她在国际滑雪联合会中国北京越野滑雪积分大奖赛女子个人短距离比赛中获得亚军，这是中国选手首次在越野滑雪项目的国际大赛中获得奖牌。

北京 2022 年冬奥会越野滑雪比赛将在国家越野滑雪中心进行。滑雪赛道最近处离明长城遗址仅有十几米，冬奥会的重头戏越野滑雪全部 12 项比赛的金牌将在此产生。

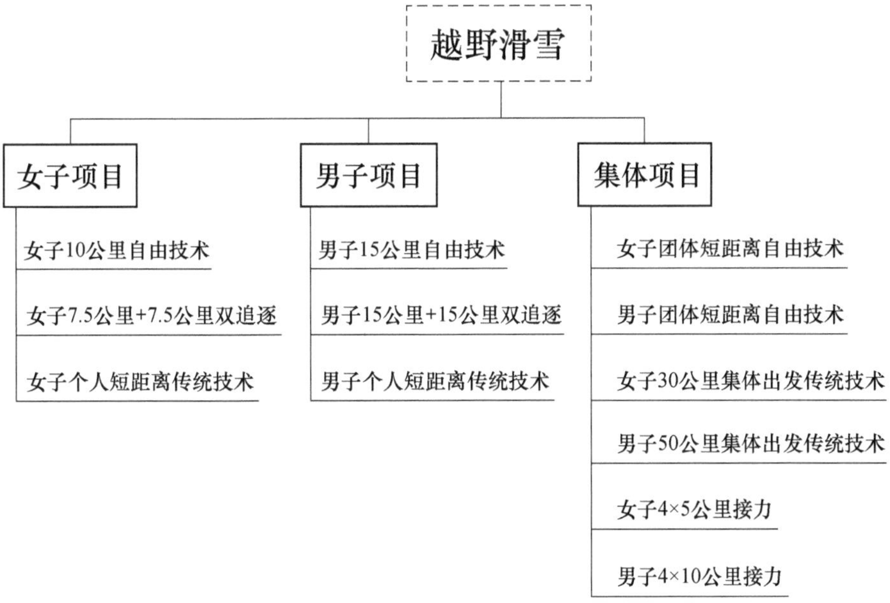

北京 2022 年冬奥会越野滑雪项目

4

经典案例的观望

4.1 “雪上公主”，功败垂成

2015 年 2 月 10 日，“雪上公主”李妮娜接受了北京冬奥组委颁发的聘任书，正式成为北京申办冬奥会的形象大使，并承担北京申办冬奥会的相关工作。尽管已经远离赛场，但是她依旧在为心爱的冰雪事业贡献着自己的力量。

四次征战冬奥会，从退役到复出，她一次又一次地挑战自己。李妮娜的冬奥故事并不完满。2002 年李妮娜首次参加冬奥会，在被寄予厚望的队友荀丹丹发挥不那么理想的状况下，初出茅庐的李妮娜为中国队赢得了第 5 名的好成绩，而这届冬奥会也开启了她辉煌的雪上生涯。从 2005 年到 2009 年，李妮娜三次获得世锦赛金牌，成为这个项目绝对的霸主，然而世锦赛的成功并不能弥补“雪上公主”在奥运会上的遗憾。

2006 年都灵冬奥会，首轮包揽前三的中国队在最后丢掉了自由式滑雪女子空中技巧的金牌，但李妮娜还是凭借着自己稳定的发挥为中国队取得了 1 枚银牌。虽然与金牌失之交臂，但对 23 岁的李妮娜来说还有时间让她站上奥运的最高领奖台。时隔四年，27 岁的李妮娜再次征战奥运赛场。处于运动巅峰期的她对于金牌志在必得。“雪上公主”在温哥华的赛场上的发挥近乎完美，可是最后还是输给了超水平发挥的澳大利亚老将拉西拉，再获 1 枚银牌。虽然再一次与金牌失之交臂，但是李妮娜的脸上始终挂着微笑，已经决定离开赛场的她要笑着离开。

2010 年温哥华冬奥会后，李妮娜离开了国家队，开始攻读硕士学位、客串主持人，所从事的内容和滑雪沾不上半点关系。2012 年国际滑雪联合会更改了评分规则，这把李妮娜重新拉回了赛场。此前比赛由两跳分数相加得出总成绩，新规则改成一条定胜负，每轮成绩不叠加。这对于稳定型选手更有优势。一位 30 岁的新人就这样重新开始，制订专门的训练计划，器械训练从最轻的开始。到了 2012 年 9 月，李妮娜已经渐入佳境。2013 年在长春举行的国际滑雪联合会世界杯，李妮娜斩获了铜牌，一切似乎都在向好的方向发展。可谁也没想到，在一次训练中，她意外受伤，前十字韧带断裂。那时距离索契冬奥会只剩一年时间。2013 年 9 月，李妮娜重新恢复训练，12 月举行的 2013—2014 年国际滑雪联合会世界杯首战，李妮娜拿到了她阔别赛场四年以后的首枚金牌。

2014 年经历了退役、复出、伤病的李妮娜再一次站上了冬奥会的赛场，这是 31 岁的李妮娜第四次参加奥运会。最后一跳时，启动、滑行、腾空、旋转，在没有把这个难度系数为 3.9 的动作完成前，李妮娜重重地摔在地上，足足半分钟都没有动弹，现场一片哗然。俄罗斯的观众将掌声送给了这位来自中国的漂亮姑娘。带着同样的遗憾李妮娜再次离开了奥运会的赛场。具有世界超高水平空中技巧的中国队一直没有获得那枚梦寐以求的奥运会金牌。

四届奥运会，她获得了 2 枚银牌，摔倒了 1 次。2010 年，李妮娜说她要是能用 2 枚银牌换 1 枚金牌就好了，可四年后她还是带着笑容离开了赛场。

4.2 荣誉之师，扭转乾坤

在冬奥会的赛场上，中国短道速滑队既是突破尖刀又是荣誉之师。从温哥华冬奥会包揽全部 4 枚女子项目金牌，到索契冬奥会在王濛缺席的情况下收获 6 枚奖牌，主教练李琰可谓厥功至伟。2006 年 5 月，昔日的短道速滑名将、美国短道速滑名将阿波罗的恩师李琰从美国返回北京，正式接任短道速滑国家队主教练。回归执教意味着她不得不暂时放下家庭生活，迎接全新的挑战。第十五届卡尔加里冬奥会，李琰在当时还是表演项目的短道速滑比赛中获得 1000 米金牌和 500 米、1500 米铜牌。退役后李琰辗转斯洛伐克、美国等地，在几支国家队都写下了漂亮的履历。在美国队和中国队，李琰都受到了当时核心队员的抵制，从问“这个女人能带给我什么”的阿波罗到“我不适合国家队训练方法”的王濛，她的执教之路曾饱受质疑，不过冰坛“铁娘子”凭借着先进的理念和执教方法，以及个人魅力和自我坚持，最终赢得了队员的信赖，获得了创造历史的机会。

2010 年温哥华冬奥会，李琰带领中国女子短道速滑队包揽了所有女子短道速滑项目的 4 枚金牌，其中包含了王濛的 500 米、1000 米金牌，周洋的 1500 米金牌，女子 3000 米接力金牌。温哥华冬奥会的辉煌过后，李琰没有选择急流勇退，但她可能并未预料到之后四年除了打架丑闻袭击短道速滑队外，核心队员王濛在索契冬奥会前的意外受伤更是将这支队伍打入谷底。然而在索契冬奥会，“铁娘子”率领的这支短道速滑队令人不可思议地完成了逆袭，从李坚柔的喜从天降到 17 岁小将韩天宇的横空出世，再到老将周洋的王者归来，2 金、3 银、1 铜，金牌之师在意外不断的索契冬奥会上奉献了一部绝处逢生的大片。

索契冬奥会后李琰选择了留任，属于她的精彩还在继续。

4.3　旧貌新颜，夏冬兼项

2018 年韩国平昌冬奥会掀起了一股冬季冰雪运动的狂潮。然而，冰雪运动并不是高纬度地区的专利，热带地区的国家也积极投身到了冬奥会中。其中，尼日利亚和牙买加女子雪橇队晋级平昌冬奥会备受关注，几位运动员的背景颇为引人注目。

尼日利亚女子雪橇队是非洲第一支参加有舵雪橇比赛的队伍，该队全部由前田径名将组成，有的队员还曾参加过夏季奥运会，舵手塞恩 • 阿迪冈曾经代表尼日利亚参加 2012 年伦敦奥运会女子 100 米跨栏的比赛，退役后她从 2014 年开始投入雪橇训练。刹车手恩格希 • 昂乌梅尔也是一位短跑名将，曾经出战非洲运动会的200米及接力比赛。阿库奥马·欧米奥茄曾是大学田径队的短跑运动员，主攻100米和200米等短距离项目。三位田径运动员改练冬季项目一度遇到资金困难，但三人通过网络众筹的方式筹集资金，通过了资格赛，顺利晋级平昌冬奥会，网球名将小威廉姆斯还特意在社交媒体上录制视频祝贺她们晋级。

来自热带的牙买加运动员也给人们带来了惊喜，这是该国继1988年后再一次出战冬奥会。同样是女子有舵雪橇队，同样也有短跑名将跨界成为雪橇队员。女子雪橇队的刹车手凯莉·罗素是牙买加短跑名将，曾是2013年田径世锦赛牙买加女子4×100米接力夺金的主力，另外一位刹车手奥德拉·塞格里也是一位短跑选手。

来自热带地区的选手在冰雪项目上取得突破，所以跨界选材是一个好方法，但这并不是尼日利亚和牙买加的专利。短跑好手跨界参加冬奥会不乏成功案例，把雪橇作为打入冰雪世界的入门项目不少国家已经有所尝试，如美国短跨"一姐"琼斯曾经代表美国队获得了有舵雪橇世锦赛双人的金牌和两站世界杯赛的银牌和铜牌，成为跨界的成功典范。索契冬奥会也有跨界选手参加雪橇比赛。国外专家曾经分析，田径运动员的身体协调性很出色，在雪橇滑行的过程中可以更好地控制平衡，他们的力量能推动雪橇更快地前行。

夏冬兼项未来也可以作为中国冰雪运动队在冬奥项目上取得突破的一种尝试。尤其是一些知名的短跑好手，在职业生涯末期可以考虑转项，练习雪橇，说不定在北京2022年冬奥会赛场上能为国家创造奇迹。

4.4 长野冬奥，喜忧参半

1998年冬奥圣火再次来到了亚洲，在日本长野举办的冬奥会上，中国健儿虽仍无缘金牌，但是6银、2铜的成绩刷新了中国队自1980年参加冬奥会以来的历史。其中，中国队的拳头项目——短道速滑，获得了6枚奖牌。只是对于如日中天、想要突破目标的短道速滑人来说，这5银、1铜不知道是惊喜多一些还是遗憾多一些。

在率先进行的女子 3000 米接力比赛中，中国队派出了杨扬、杨阳、孙丹丹、王春露的最强阵容，比赛中她们一路领先，但在倒数第二圈交接棒时中国队两位成员稍有迟疑，被韩国队超越，遗憾摘得银牌。女子 1000 米决赛时遗憾又一次上演：杨扬和杨阳都进入了决赛，与两位韩国选手展开正面对决，杨阳在前方领滑拖垮韩国选手，让实力更强的杨扬看准时机冲击金牌，虽然杨扬以打破世界纪录的成绩率先撞线，但是被判犯规，遗憾错失金牌。

李家军作为中国短道速滑男队的领军人物，在长期尿血的情况下坚持参赛。决赛的抽签并不理想，但他还是凭借自己超凡的直道超越技术占据了第一位并一路领滑，在冲刺阶段，经验更加老到的韩国选手乘其不备，一个大跨步超越上前，以一个尖刀的优势夺得了近在眼前的金牌。这 0.053 秒的遗憾，李家军用了整个运动生涯都没有补回来。

4.5 “拼命三郎”，横空出世

1980 年至今，中国 50 多年的冬奥参赛史中涌现出了许多明星与冠军。叶乔波在 1992 年的第十六届冬奥会上，为中国实现了奖牌“零的突破”，从此中国冰雪健儿开始了在冬奥会上争金夺银的历程。

50 多年前，滑冰与滑雪在我国还属小众项目，主要是黑龙江、吉林等地的专业队在开展训练，条件非常艰苦。叶乔波 9 岁被选入长春市体校速滑班，只经过 1 个多月的训练，她就打破了长春市儿童组 500 米的纪录；1 年后，她包揽了吉林省儿童组比赛三项的第 1 名。1976 年，八一速滑队队长张继忠和教练员肖汉章到长春选拔运动员，叶乔波被选中，以不到 13 岁的年纪特招入伍，成为该队年龄最小的运动员。进入八一速滑队后，叶乔波开始了更为专业的训练。当时没有室内冰场，只能在湖上或江上滑野冰，为寻找可以尽早上冰训练的地方，不到 13 岁的叶乔波和队友在接近零下 40 摄氏度的低温里，坐着敞篷汽车，到黑河、嫩江、海拉尔、齐齐哈尔等地训练，每堂课一滑就是 3 个小时。“我们每天要开车半小时才能到达训练地点，外面刮着五六级的寒风，到了地方都被冻得没了知觉，但又要马上训练。”回忆起当时的情景，叶乔波深有感触，“那时我年龄最小，几乎每天都是哭着训练。”所以，她有两个绰号“爱哭鬼”和“拼命三郎”。

叶乔波说：“当时条件非常艰苦，早上起来被子上都是一层霜，冰鞋冻在地上，拿不起来。”即便如此，每天从早到晚 8～10 个小时的训练，几乎贯穿了她 21 年的运动生涯。

功夫不负有心人，经过不懈的坚持和努力，叶乔波终于得到了回报——在 1991 年世界女子速滑锦标赛 500 米的比赛中，她赢得了第一枚金牌；同年 3 月，她在世界短距离速滑锦标赛上获得了 5 枚银牌，被外媒称为“中国的银姑娘”。

1992 年 2 月，叶乔波在法国阿尔贝维尔第一次参加冬奥会。在擅长的 500 米速滑比赛中，她由外道滑向内道实施超越时，由于内道选手没有按规则让道，两人的冰刀和身体先后碰撞两次，最终叶乔波以 40 秒 51 获得该项目的银牌，收获了我国冬奥历史上第一枚奖牌。

忆起当年的情景，叶乔波不无遗憾地说：“当时的裁判长来自美国，他很自然地会帮助美国选手夺冠，所以比赛一结束，他就从场地中间下到地下通道，躲了起来，我们想申诉但根本找不到他，而我穿着冰刀，也无法在石灰地上去追他。因为我国冰上运动发展得晚，缺少参加国际大赛的经验，在场的同行也不了解这种情况下的比赛规则，担心如果申诉重滑，万一成绩不理想而丢掉已经到手的银牌，索性放弃了申诉。后来大家才知道，如果重赛，最终成绩是取两次比赛的最好名次。”

1992 年，在挪威举行的世界短距离速滑锦标赛上，叶乔波获得了女子 1000 米的金牌，并夺得了女子全能的桂冠，成为亚洲第一个短距离速滑全能冠军。此外，她还创造了世界冰坛罕见的 500 米大满贯。

1979—1994 年，叶乔波在国内外速滑重大比赛中共夺得 133 枚奖牌。她是让五星红旗在冬奥赛场升起的第一位中国人，后被中央军委授予“体坛尖兵”的荣誉称号。

阿尔贝维尔冬奥会的意外让叶乔波放弃了急流勇退的念头，毅然决定带着伤病拼到下届冬奥会。第十七届冬奥会，中国代表团提出的目标是争取金牌“零的突破”，叶乔波被寄予厚望。由于长期超负荷训练，叶乔波当时的伤病十分严重，即便如此，她仍然坚持训练并带伤参赛。

叶乔波说："国家需要我，我就要毫不犹豫地顶上，只要能代表国家站在冬奥赛场上，我就觉得特别光荣和自豪，所以我那时就像战场上的一名勇士，为了祖国的荣誉而努力，我责无旁贷。"

1994 年 2 月 19 日，叶乔波在 500 米比赛中失利，无缘前 10 名。但几天后，她再次上场，咬牙完成了 1000 米的比赛，并获得 1 枚铜牌。

"为了这块铜牌，我宁可让这条腿废了！"叶乔波告诉记者，"手术时真不知道还能不能站起来，但想到那块拼命得来的铜牌，便觉得值了。"

叶乔波以永不言败、永不放弃的精神创造了中国冰雪运动史上一个又一个奇迹，"乔波精神"也成为当时对体育精神的代表性诠释，和"女排精神"一样，激励鼓舞着一代又一代人。如今，叶乔波在人生的另一条跑道上，继续新的加速、追赶、超越，参与冬奥会的筹办，推动"北冰南移、北雪南展"，投身公益活动……她的故事里，有的不只是那些永不褪色的历史瞬间，还有永不退场的"乔波精神"。

4.6 "花滑王子"，王者归来

当叶甫根尼·维克托罗维奇·普鲁申科这位俄罗斯国宝级花样滑冰选手站在索契冬奥会男子单人滑短节目的赛场上时，所有观众都希望 31 岁的他能用一场完美的演出为自己的奥运生涯画上一个完美的句号。但是，在赛前 6 分钟的热身活动中，他的双手一直捂着后腰，显得非常痛苦。根据赛程，他应该在热身结束后第一个出场。在其他选手离场后，普鲁申科滑到裁判席前说了些什么，然后转身向观众席鞠躬并挥手致意，离开了冰面。冰山体育馆的扬声器里宣布叶甫根尼·维克托罗维奇·普鲁申科因伤将不再参加比赛，而走出赛场的普鲁申科宣布自己的花滑生涯就此结束。团体赛中那首《最好的普鲁申科》成为他在赛场上最后的演绎。对于普鲁申科而言，他是多么希望自己能在家门口再次问鼎个人项目，但现实总有那么多不完美。

虽然普鲁申科的外号叫"冰王子"，但是在花滑的赛场上，他是一个不折不扣的王者。普鲁申科曾先后参加过 4 届奥运会，斩获 4 枚奖牌。此外，他还是 3 届世锦赛冠军、7 届欧锦赛冠军、4 届花滑大奖赛总决赛冠军。在花滑界，普鲁申科这个名字是王一般的存在。

2002 年，20 岁的他在盐湖城冬奥会上用《卡门》震惊了全世界；2006 年的都灵冬奥会，在万众期待中他以《教父》征服了许许多多的花滑爱好者；2010 年的温哥华冬奥会，他化身悲情的主角，《爱情探戈》让人如痴如醉，但却无缘冠军；2014 年的索契冬奥会，普鲁申科虽然已经不再是当初那个翩翩少年，但他风采依旧。他的遗憾告别让无数人唏嘘不已。

然而仅仅几个月后，难舍冰面奇缘的“冰王子”携《最好的普鲁申科》登上冰上雅姿的盛典，并宣布将复出备战 2018 年的平昌冬奥会，属于一个时代的传奇仍在继续。

4.7 “冰上皇后”，成绩斐然

2006 年 2 月，关颖珊在伤势加重后宣布退出都灵冬奥会，此时的她只有 25 岁，但是她只能与奥运金牌的梦想渐行渐远了。回顾关颖珊的职业生涯，没有人能够否认，独缺 1 枚奥运金牌的她是女子花样滑冰界当之无愧的第一人。

关颖珊的花滑生涯始于 5 岁，14 岁时就在当年的比赛中拿到了自己的第一个世界冠军头衔；16 岁时，关颖珊拿下了自己人生中首个全美冠军和世界花滑锦标赛冠军，人们开始在金发碧眼的选手中注视这个华裔小女孩。

1997 年，关颖珊遇到了运动生涯中最大的挑战。初出茅庐的塔拉·利平斯基获得了花滑大奖赛与世锦赛的冠军，两人的竞争就此开始。1998 年长野冬奥会如约而至，对于奥运金牌的渴望似乎成了压在关颖珊身上沉重的包袱，短节目之后她力压利平斯基，排在第一位。自由滑中选用的音乐依旧是 1 个月前获得全美冠军时使用的《小提琴曲》，但这一次她的奇特三周跳中有一个完成得不稳，最终只能将金牌拱手让给利平斯基。不过，对于当时只有 18 岁的关颖珊来说冬奥会的体验其实并不是一生只有一次。

折戟长野之后，关颖珊并没有沉沦，随后她又接连拿下了全美冠军和两届世锦赛冠军，成为美国花滑队参加盐湖城冬奥会的不二人选。在自己的祖国，关颖珊踏上了第二次冬奥之旅，在运动生涯的黄金年龄向自己唯一未能赢得的冠军发起冲击，但是自由滑的再度失误使她只能目睹修斯完成惊天逆转，摘下金牌。颁奖仪式上获得铜牌的关颖珊流下了眼泪，但是她的金牌梦还在继续。一年之后，关颖珊在花滑世锦赛上拿到了自己的第五个冠军，成为这项赛事的第一人。2004 年的全美比赛她也第九次问鼎，一切都在为都灵冬奥会蓄力。然而岁月不饶人，2005 年关颖珊受到了严重的伤病困扰，甚至因此退出了都灵冬奥资格的争夺。可是为了金牌的梦想，她不能放弃，在得到特批来到都灵后，所有人都知道这是关颖珊最后的机会了，但是随着伤病的复发，一切都停止了。

没有夺得奥运金牌的关颖珊依然是伟大的，流畅的旋转，完美的跳跃，以及史无前例的 43 个单项冠军，这些都是“冰上皇后”留给我们的永恒记忆。

4.8　花滑伉俪，得偿所愿

申雪、赵宏博这两个名字似乎从未被大家分开过，两人的名字从 1992 年起便被紧紧地连在了一起。那一年 14 岁的申雪结束了女子单人滑的生涯，19 岁的赵宏博则告别了搭档谢毛毛，教练员姚滨创造的缘分让两人在冰上第一次牵手。2010 年 2 月 15 日，温哥华冬奥会花样滑冰自由滑比赛在太平洋体育馆落幕，中国选手申雪、赵宏博，庞清、佟健分获双人滑的金、银牌，实现了中国花样滑冰冬奥会金牌“零的突破”，彼时已经牵手 18 年的申雪、赵宏博终于在退役之前圆了自己的奥运金牌梦，并且凭借这枚金牌跻身年龄最大的花样滑冰金牌选手前 10 位。

回望从前，艰辛与幸福陪伴这两个人共同成长，1998 年申雪、赵宏博第一次踏上奥运征程，这届冬奥会也成了他们成名的跳板。短节目《流浪者之歌》和自由滑《奥林匹亚》让他们拿到了第 5 名的好成绩。在当时欧美选手还占据统治地位的背景下，这个第 5 名着实让人惊喜。四年之后，冬奥会来到了美国盐湖城，申雪、赵宏博带着精心准备了一年的新节目《图兰朵》，以及高难度动作，成为盐湖城冬奥会双人滑的夺冠热门，但是在第四周落地的时候出现了失误，他们最终只获得铜牌。但这是中国双人滑在冬奥会上获得的首枚奖牌。

经历了无数的苦难、挫折、喜悦和幸福之后，2009 年申雪、赵宏博为了冬奥金牌梦，再战冰场。2010 年温哥华冬奥会花滑比赛的那一天，正值西方的情人节，奥运金牌是两人早就计划好送给对方的情人节礼物，压轴出场的申雪、赵宏博除了在第五组拉索托举类时出现了重心不稳的情况，其余的一系列跳跃动作都表现得无懈可击，这对冰坛伉俪最终以总分 216.57 的成绩摘得金牌，完成了他们最大的愿望，站上了梦寐以求的奥运会最高领奖台。

两年之后，申雪、赵宏博的退役仪式在首都体育馆举行。伴随着深情的一吻，这对中国花滑的领军人物开启了他们的下一段多彩人生。

4.9 澳洲英雄，一举成名

短道速滑比赛充满偶然，也由此会产生很多冷门，但是在 2002 年的盐湖城冬奥会上，我们却见证了一位最幸运的选手。这一年，澳大利亚老将斯蒂文·布拉德伯里第四次站上冬奥会的赛场，之前他从未在一项个人比赛中获得前 8 名。来到盐湖城，经营着一家冰刀厂的他最大的梦想就是请炙手可热的短道速滑名将阿波罗为自己的生意代言，同时他也想体验一下决赛的感觉，来为自己的冰上生涯画上圆满的句号。

在短道速滑男子 1000 米的 1/4 决赛中，布拉德伯里仅名列小组第三，差点儿就要告别冬奥会的舞台。然而，同组的韩国选手因犯规而被取消资格，布拉德伯里重新获得了实现梦想的机会。进入半决赛，布拉德伯里身边的对手更加强大，而他位列最后一名。然而，同组的五位选手有三位都摔倒了，布拉德伯里又幸运地晋级决赛。决赛中，同场竞技的都是 1000 米速滑的顶尖高手，似乎他已经预定了最后一名，可是因为落后过多，在最后一个弯道，当其他选手发生意外全都摔倒时，布拉德伯里却没有受到影响，成了冰场上唯一站着的选手并滑过了终点。因此，他也幸运地为澳大利亚摘下了本届冬奥会的首金，凭借这枚金牌，布拉德伯里成了澳大利亚的国民英雄，受到了与偶像阿波罗一样的明星礼遇。

4.10　雪上娇娃，坚强不屈

2018 韩国平昌冬奥会，在女子自由式单板滑雪障碍争先赛，即单板追逐赛中，我们看到了一个熟悉的名字：琳塞·雅科贝里斯。在过去的 15 年间，雅科贝里斯是女子单板追逐赛中当之无愧的“女王”。她一共夺得了 10 枚世界极限运动会（X-GAMES）金牌和 5 枚世界杯金牌，在这个项目中有无与伦比的竞争力。然而，她最为人熟知的不是在大赛上获得的各种荣誉，而是她在奥运会上戏剧性的经历和那个惊人的“Method”（方式）抓板。

单板追逐赛是一项充满观赏性的刺激赛事，规则非常简单：四位选手要用尽可能快的速度，穿过充满各种障碍和地形的赛道，最短时间内到达终点的选手胜出。2006 年都灵冬奥会是单板追逐赛在奥运会上的第一次亮相，而当年的世界杯冠军雅科贝里斯被自然而然地认为是夺冠热门。决赛中，出发没多久，雅科贝里斯就占据了巨大的领先优势。随着身后的加拿大选手因失误摔出赛道，这枚金牌对于 20 岁的雅科贝里斯来说简直是唾手可得。在离终点的倒数第二个小坡处，雅科贝里斯回头看了一下被远远甩在身后的瑞士选手。此时，只要她能正常完赛，冠军非她莫属。但接下来发生的这一幕，成了冬奥会历史上最著名的瞬间之一——雅科贝里斯在这个不大的坡处起跳，在空中完成了一记“Shifty+Method”（诡计+方式）抓板。这个选择带来了灾难性的后果，高速滑行中的雅科贝里斯在落地时因失去平衡摔倒了。

现场解说喊出了那段著名的解说词：“雅科贝里斯倒下了！雅科贝里斯

摔倒了！她在空中的时候到底在想什么？”由于她的领先优势是如此之大，她在摔倒后挣扎着爬起来时仍然处在领先的位置。然而，失去了速度的她只能眼睁睁看着身后的瑞士选手谭雅·弗里登超过自己冲过终点线。这一结果让在场所有的人瞠目结舌，获得冠军的弗里登简直不敢相信，她事后说：“从技术上讲，雅科贝里斯比我好得多，她只可能被自己击败。”

雅科贝里斯的眼里闪着泪花，看起来迷茫又无助，而美国队的主教练沮丧地捂住了脸，这令人心碎的一幕让世界认识了这位 20 岁的美国女孩。赛后失望的美国媒体对她大加抨击，ESPN（娱乐与体育电视网）评论道：“雅科贝里斯愚蠢的炫技让她得到了应有的下场——摔倒。”在单板追逐赛中，技巧是完全不被考虑在成绩中的。关于雅科贝里斯为什么要做这个动作，也是众说纷纭。

在赛后的采访中，雅科贝里斯说她这样做的原因是“Method”抓板能提高她在空中的稳定性。在另外一个版本中，她说：“滑雪是一项快乐的运动，我只是在享受快乐。”不管这背后真实的原因是什么，她的这个决定让她错失了这枚奥运金牌。

仿佛是诅咒一样，尽管她在之后的各种世界大赛中依然无往不利，但在之后的两届奥运会中她都遇到了意外的状况，最终无缘金牌。2010 年温哥华冬奥会，她在半决赛中撞倒旗门被取消资格。2014 年索契冬奥会，她在半决赛中遥遥领先的时候意外滑倒，无缘决赛。单板追逐赛是一项充满了随机性的运动，这也是这项运动如此精彩的原因之一。在冲过终点前，谁也不知道谁将最终胜出。

12 年过去了，更多年轻选手冒出，比赛的竞争水平大幅提高。雅科贝里斯再也不是那个意气风发的 20 岁女孩，但她依然无所畏惧。在 2012 年遭遇重伤休战两年后复出时，她曾说“你要拥抱你的恐惧”。

在平昌冬奥会上，她又一次以预赛第一的成绩获得了代表美国队参赛的资格。雅科贝里斯说，2006 年的那次摔跤她已经谈论过上千次了，但人不能活在过去。她对滑雪的热爱一如既往，她的好胜心依然和 12 年前一样强烈。

4.11 三朝元老，逆境重生

贾宗洋至今还保持着中国自由式滑雪空中技巧队的一个“纪录”，他是队里第一个也是唯一一个小腿胫骨粉碎性骨折的运动员。2015 年的一次意外，让贾宗洋的左腿出现了三处粉碎性骨折。

小腿粉碎性骨折对于普通人来说，意味着以后可能都不能再从事大活动量的运动项目了；而对运动员来说，这基本意味着运动生涯的结束。1998 年，当时中国足球甲 A 联赛出现了有记载的中国职业足坛第一起球场重大伤害事件，广州太阳神队的巴西外援莫拉在比赛中被铲飞，造成了左胫骨粉碎性骨折，直接断送了职业生涯，莫拉就此退役，成了一名足球经纪人。

但是贾宗洋没有退役，他与伤病整整对抗了三年。作为 2014 年索契冬奥会空中技巧铜牌的获得者，贾宗洋在之后的三年完全从赛场上“消失”。直到 2016—2017 赛季他才复出，并在一年之后在河北崇礼进行的 2017—2018 赛季国际滑雪联合会自由式滑雪空中技巧世界杯上一举拿下 3 枚金牌。这时，距离他上一次夺得国际比赛的奖牌已经过去了整整四年。

贾宗洋说，在那段时间里，康复阶段是最难熬的。他说：“在全运会之前受伤，对我来说损失挺大的。对我们来说，最大的比赛是奥运会，国内就是全运会了。那段时间天天重复康复训练的动作，特别折磨人，心情也很低落。”

但是贾宗洋挺了过来，他说他从来没有想过放弃，中国空中技巧的整个团队也没有放弃他。他说：“我可能是我们队里第一个小腿胫骨粉碎性骨折的运动员。这个伤给队里带来了很大的麻烦。当时整个队伍，教练员、队医、体能师天天围着我，每天都监控我的腿伤，然后根据腿的情况安排训练和康复。甚至直到我已经可以参加训练了，队里还是每天监控，出现疼痛的话会及时调整下一阶段的训练康复计划。”

当他在平昌冬奥会的赛场上再次为中国队夺得银牌，并且与冠军只有 0.46 分的差距时，他说得最多的是感谢中国空中技巧的整个团队。他说：“这是我这四年当中最大的感触。没有中国队这么团结的队伍，没有每个人付出的心血，我不可能站到这个赛场上。他们都付出了太多太多的心血。感谢这个团队，包括工作人员，他们付出了太多，比我们运动员付出的更多。”

1991 年出生的贾宗洋比国家队队友齐广璞小 1 岁。5 岁开始练体操，11 岁转练空中技巧，贾宗洋说他是一路怕着练出来的：滑雪的时候老滑到树林里，刚上跳台的时候害怕室外大风……他说，就是到现在，隔段时间不练再上跳台，还是会紧张。偶尔他会在微博上发一些空中技巧运动员从高台上滑下的第一视角视频，然后戏称“跳楼”。但是他说，他非常喜欢这个项目，希望退役以后能够成为教练员，让更多的孩子也喜欢上这个项目。

平昌冬奥会已经是贾宗洋参加的第三届冬奥会了。从温哥华冬奥会的第 6 名，到索契冬奥会的铜牌，再到平昌冬奥会的银牌，贾宗洋总是在不被看好的情况下突破自己，但是说到北京冬奥会的时候，他只是说希望能够站到赛场上。他说：“中国队可以说是世界最强的，这也是中国空中技巧队整体实力最强的一届。这次中国队留下了一些遗憾，回去之后要做一些调整，总结不足，还要做出一些改变。我个人也希望能够做一些调整，与教练员和领队沟通，希望能站到北京冬奥会的赛场上。”

参考文献

1. 外文参考文献

[1] RASCHKE W J. The Archaeology of the Olympics[D]. Madison：The University of Wisconsin Press，1988.

[2] MARINATOS N，HÄGG R. Greek Sanctuaries：New Approaches[M]. London and New York：Routledge，1993.

[3] EASTERLING P E，MUIR J V. Greek Religion and Society[M]. Cambridge：Cambridge University Press，1985.

[4] KILLANIN L，MICHAEL M，RODDA J. The Olympic Games：80 years of people，events and records[M]. London：Barrie and Jenkins，1976.

[5] JOHN A，LUCAS J. This Great Symbol：Pierre de Coubertin and the Origins of the Modern Olympic Games[J]. Sport History Review，1985.

[6] LENSKYJ H J. Inside the Olympic Industry[M]. New York：State University of New York Press，2000.

[7] DACOSTA L. Olympic studies：Current intellectual crossroads [M]. Rio De Janeiro：Editora Gama Filho，2002.

[8] GREENBERG S. The Guinness book of Olympic facts and feats[M]. London：Guinness World Record Ltd，1996.

[9] SEGRAVE J O，CHU D. The Olympic games in transition[M]. Champign：Human Kinetics，1988.

[10] SENN A. Power，politics，and the Olympic Games[M]. Champign：Human Kinetics，1999.

[11] KLAUSEN A M. Olympic Games as Performance and Public Event. The

Case of the XVII Winter Olympic Games in Norway[J]. Mountain Research & Development，2001，21（2）：199.

2. 中文参考文献

[1] 杨树人，朱志强. 纵论中国冬季运动与冬季奥林匹克运动的历史渊源、融合和演化（一）[J]. 哈尔滨体育学院学报，2019，37（1）：1–11.

[2] 杨树人，朱志强. 纵论中国冬季运动与冬季奥林匹克运动的历史渊源、融合和演化（二）[J]. 哈尔滨体育学院学报，2019，37（2）：1–14.

[3] 王军. 奥林匹克视觉形象的历史研究[D]. 北京：北京体育大学，2004.

[4] 孙葆丽，孙葆洁，徐子齐，等. 冬季奥林匹克运动三大体系可持续发展研究[J]. 北京体育大学学报，2018，41（12）：19–25.

[5] 朱志强. 冬季奥林匹克运动及其发展趋势[J]. 上海体育学院学报，2007（4）：74–78.

[6] 赵晶，闫育东. 我国冬季奥林匹克运动发展历程回顾与前瞻[J]. 上海体育学院学报，2012，36（3）：73–75.

[7] 孙葆丽，孙葆洁，徐子齐. 夏季奥运会和冬季奥运会与文化互动之比较[J]. 成都体育学院学报，2019，45（3）：1–6，63.

[8] 朱志强. 论冬季奥林匹克运动的产生和发展[J]. 哈尔滨体育学院学报，2007（1）：1–4.

[9] 孙葆丽，陈小蓉，王月，等. 奥林匹克运动可持续发展萌芽阶段探析[J]. 体育学研究，2018，1（6）：34–43.

[10] 吴阳阳，宋加强，宋玉. 现代奥林匹克运动价值变迁的历史回溯与现实观照[J]. 安徽体育科技，2018，39（4）：1–5.

[11] 杨树人. 当代冬季奥林匹克运动发展态势和格局[J]. 哈尔滨体育学院学报，2003（3）：4–7.

[12] 国际奥林匹克委员会. 国际奥林匹克委员会一百年[M]. 北京：奥林匹克出版社，1998.

[13] 任海. 奥林匹克百科全书[M]. 北京：中国大百科全书出版社，2008.